図解

相続税・贈与税のしくみ 第3版

知らないと損する98のポイント

税理士法人タクトコンサルティング 著

東洋経済新報社

第３版刊行にあたって

高齢化の進展など社会情勢の変化に対応するため相続法（民法第５編相続）が大きく改正され令和元年７月１日より施行されています。主な改正項目は、配偶者居住権及び配偶者短期居住権の創設、自筆証書遺言に添付する財産目録がパソコン等で作成可能になる、自筆証書遺言書保管制度の創設、被相続人の療養看護に貢献した相続人以外の親族（特別寄与者）の金銭請求権（特別寄与料）の創設、婚姻期間が２０年以上の夫婦間での自宅の建物・土地の遺贈又は贈与が特別受益の対象外になる等です。これからの相続対策を検討する上では、ぜひ、知っていただきたい制度となっています。配偶者居住権については、うまく活用すれば、相続税の面でもメリットを生じる可能性が高い制度となっております。

一方、近年の相続税や贈与税の改正をみると、「格差是正」や「課税の公平」といった名目の下に、実質的に負担増となる改正が行われています。令和６年１月１日以後の贈与について、相続財産に加算する暦年課税による生前贈与の加算期間が３年から７年に拡大されます。また、マンションの相続税評価について令和６年１月１日以後の相続又は贈与から改正が行われる見込みとなっています。

今回の改訂では、近年のこれらの改正項目の解説を追加しています。

相続税や贈与税を理解する上では、その基になる民法の理解が必要不可欠です。初版、前版に引き続き、民法の相続編及び相続税法における相続税・贈与税の取扱い、財産評価基本通達による財産評価の取扱いをできるだけ網羅的に解説することを心掛けました。

本書を、皆様が相続及び相続税・贈与税を理解する際のお役に立てていただければ幸いです。

令和５年９月

共著者代表　手塚　隆

改訂にあたって

平成25年度税制改正では、遂に大幅な相続税の増税が決定されました。この増税は平成27年1月1日以後の相続・遺贈について適用されます。近年の相続税の課税割合（相続税の年間課税件数／年間死亡者数）はおおむね4%程度で推移しており、かなり裕福なご家庭でなければ相続税の申告を心配する必要はありませんでした。しかし、今回の改正により相続税の申告義務の有無を判定するボーダーラインである遺産に係る基礎控除額が大幅（6割水準）に引き下げられ、相続税の申告をする必要のある者を大幅に増やす改正が行われました。平成27年1月1日以後においては、すこし裕福な普通のご家庭でも相続税の申告を検討する必要が生じます。

今回の改訂では、平成25年度税制改正項目を巻末にまとめるとともに、本文中においても、現行の取扱いでの記載に併せて改正後の取扱いを注記により補足しています。

相続税や贈与税を理解する上では、その基になる民法の理解が必要不可欠です。初版に引き続き、民法の相続編及び相続税法における相続税・贈与税の取扱い、財産評価基本通達による財産評価の取扱いをできるだけ網羅的に解説することを心掛けました。

本書を、皆様が相続及び相続税・贈与税を理解する際のお役に立てていただければ幸いです。

平成25年5月

共著者代表　手塚　隆

旧版 はじめに

人が死亡した場合には必ず相続という問題がついてまわります。一定額以上の財産を所有している人だけが、相続税の対象となります。しかし、財産が少なく相続税がかからない場合や、逆に、長引く不況の中で多額の借金を抱えた人が死亡した場合にも大きな問題が発生します。相続が発生した場合、相続人にはどんな権利や義務が生じるのでしょうか。また、どんな手続きをしなければならないのでしょうか。相続に関する権利や義務を規定し、あらゆる手続きの基本となっているのは民法です。

そして、相続に関するさまざまな手続きの中で、相続人に与える影響が大きく、かつ、最も関心の高い手続きは相続税ではないでしょうか。相続税に対して漠然とした不安を抱えている人も多数いるのではないでしょうか。相続税については相続税法という法律に贈与税と併せて規定されています。

本書では、相続及び相続税・贈与税に関する正しい理解を深めるため民法の相続編及び相続税法における相続税・贈与税に関する規定をできるだけ網羅的に解説することを心掛けました。

第1章　相続と遺言のしくみにおいて、民法の相続編の規定を解説しています。相続人間の遺産分割争いを回避するためには、債務超過の親が死亡した場合にはどうすればよいのか等の疑問に対する答えが民法の中にあります。規定を網羅的に解説することを心掛けたため、相続財産の分離や相続人の存在が不明な場合等、実際にあまり出合わないケースも記載されていますので、必要のないページは読み飛ばしてもかまいません。

第2章　相続税のしくみにおいては、相続税法による相続税の計算方法を中心に解説しています。どんな財産に対して相続税がかかるのか。いくら財産をもっていれば相続税がかかるのか等を解説しています。

第3章　贈与税のしくみにおいては、相続税を補完する関係にある贈与税を解説しています。平成15年度に創設された相続税と贈与税を一体として課税する相続時精算課税制度についても取り上げています。贈与をうまく活用できれば、相続税の節税になるケースもあります。相続と贈与は表裏一体の関係にありますので、両者の関係を理解してください。

第４章　財産評価のしくみにおいては、相続税・贈与税における財産の評価方法を解説しています。相続税及び贈与税は相続又は贈与のときにおける財産の時価に基づき課税されます。しかし、不動産や非上場株式等は実際に時価を算定することが困難であったり、上場株式のように時価の変動が著しく相続又は贈与のときの時価をそのまま課税の基礎となる時価とすることが好ましくないものもあります。したがって、相続税及び贈与税では原則としてすべての財産を財産評価基本通達に基づき評価することとされています。

巻末にワンポイントを付け加えています。実務的に問題となるのは、財産を漏れなく把握することです。特に、相続税の税務調査では被相続人が資金を提供している親族名義の預貯金や有価証券（いわゆる名義預金や名義株）が重点的に調べられます。郵便局に預けてある貯金は税務署に把握されないという誤った迷信に惑わされないでください。

本書を、相続及び相続税・贈与税を理解する際のお役に立てていただければ幸いです。

平成16年2月

共著者代表　手塚　隆

目　次

第１章

相続と遺言のしくみ

第2章

相続税のしくみ

第3章

贈与税のしくみ

第４章

財産評価のしくみ

第1章

相続と遺言のしくみ

Chapter 1

1 民法では相続の法律関係をどのように定めているか

民法は、総則・物権・債権・親族・相続の５編からなります。そのうち、相続に関する事項は第５編に定められており、第５編は10章で構成されています。各章の内容は次のとおりです。

第1章　総則……相続は人が死亡したときに、被相続人の住所において開始するという基本的事項を定めています。現行民法が施行される昭和22年5月2日までは、生前に隠居することなどによっても、家督相続が開始するとされていました。

第2章　相続人……誰が相続人になれるかを定めています。民法では相続人になれる者の順位は、厳格に規定されています。

第3章　相続の効力……相続人は相続開始のときから被相続人の財産上の権利義務を承継します。相続財産の取得割合である相続分、遺産の分割についても定めています。

第4章　相続の承認及び放棄……相続権を持つ者が相続するか否かの選択権が、単純承認、限定承認、放棄という形で認められています。

第5章　財産分離……相続債権者は、債権を保全するために相続人の財産を相続人の固有の財産と相続財産とに分離することを、家庭裁判所に請求することができます。これにより、相続財産の清算を行うことができます。

第6章　相続人の不存在……相続人の存在がわからない場合の相続人を探す手続き及び相続財産の帰属を定めています。

第7章　遺言……遺言の要式性、遺言の方式（自筆証書・公正証書・秘密証書といった普通方式の遺言と、死亡危急者・伝染病隔離者・在船者などの特別方式の遺言)、これらの遺言の効力等について定めています。

第8章　配偶者の居住の権利……被相続人の所有する建物に居住していた

配偶者について、引き続きその建物に居住できる権利として配偶者居住権と配偶者短期居住権を定めています。

第9章　遺留分……被相続人が自己の財産を遺言等で自由に処分できるのが原則ですが、相続人の生活の保護等の観点から、兄弟姉妹以外の相続人については相続財産のうち一定の割合を取得できる権利が認められています。

第10章　特別の寄与……被相続人に対して無償で療養看護等をしたことにより被相続人の財産の維持又は増加に特別の寄与をした被相続人の相続人以外の親族については、特別寄与料の請求が認められています。

Chapter 1

2 相続はいつ開始するのか

相続は人の死亡によって開始します。人の死亡について、特に民法では定義されておらず、常識的な範囲で死亡を判断します。

稀なケースですが、民法では人が死亡したかが不明な場合でも、死亡したものとみなして相続が開始する場合があります。行方不明になった人の生死が７年間わからないときには、家庭裁判所は利害関係人の請求により**失踪の宣告**ができます。失踪の宣告がされた場合には、７年間の期間の満了したときに死亡したものとみなされて、相続が開始することになります。

行方不明になった場合でも、沈没した船舶や墜落した航空機に乗っていて行方不明になった人については、その生死が１年間わからないときには、同様に家庭裁判所は**失踪の宣告**ができます。この場合、その災難が去ったときに死亡したものとみなされて、相続が開始します。失踪の宣告により死亡したものとみなされた者が生きていた場合や実際に死亡した時期が異なる場合には、家庭裁判所は失踪の宣告を取り消さなければなりませんが、遺産を取得した相続人は、現に残っている遺産を返せばよいことになっています。

新婚旅行中に不幸にして事故で夫婦の両方が亡くなり、夫が先に死亡したのか、妻が先に死亡したのかがわからない場合があります。

このケースでは、死亡の前後によって相続関係が大きく異なります。その夫婦の親が健在であれば、夫が妻より１分でも後に亡くなった場合、妻の財産の３分の２は夫が相続し、妻の財産の３分の１を妻の親が相続します。その直後に夫が亡くなりますので、夫の固有財産と妻の財産の３分の２を夫の親が相続することになります。逆に、妻が夫より１分でも後に亡くなった場合にはまったく逆になります。このように、死亡の前後がわからない場合には、**同時に死亡したものと推定**されます。

相続の開始と同時死亡の推定

相続の開始　人の死亡（失踪の宣告を含む）

普通失踪　生存が確認された最後のときから7年間生死が不明
→7年間が満了したときに死亡したものとみなされる

特別失踪　戦争、船舶の沈没などの災難に遭遇してから1年間生死が不明
→その災難が去ったときに死亡したものとみなされる

同時死亡の推定はなぜ必要か？

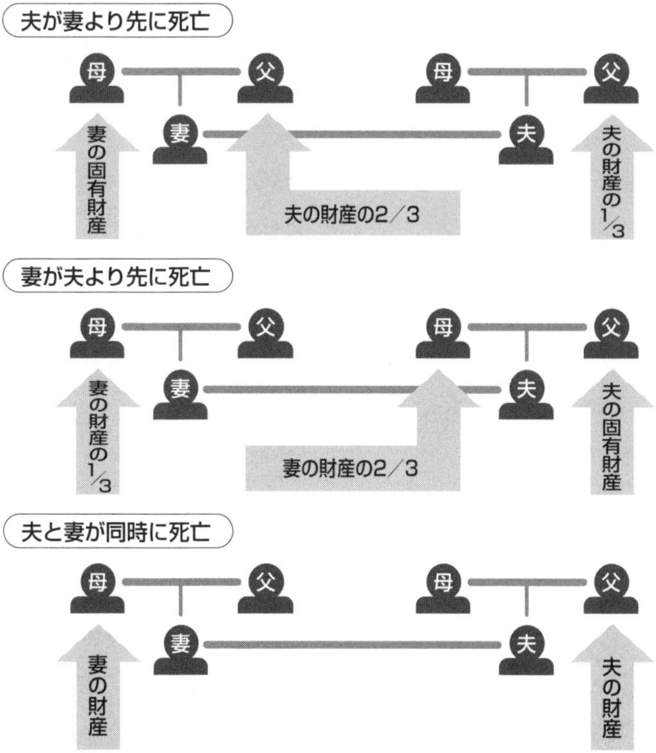

Chapter 1

3 誰が相続人になるのか

誰が相続人になれるかについては、民法で厳格に定められています。相続人となれる者には順位があり、先順位の者だけが相続人となります。

第一順位の相続人は、被相続人の子です。子が相続開始以前に亡くなっている場合や、相続欠格に該当したり相続人の廃除によって相続権を失っている場合は、その者の子（孫）が代襲して相続人になります。これを**代襲相続人**といいます。子については、再代襲（ひ孫）も認められています。

被相続人に子がいない場合、第二順位で相続人になるのは、被相続人の両親等の直系尊属です。親等の異なる直系尊属の間では、親等の近い者、つまり、祖父・祖母より父・母が相続人になります。

子も直系尊属もいない場合、第三順位で相続人になるのは、被相続人の兄弟姉妹です。兄弟姉妹については、代襲相続は認められますが、再代襲は認められません。つまり、甥や姪は相続人になることができますが、甥や姪が仮に死亡していても、甥や姪の子は相続人になれません。

第二順位の者は第一順位の者がいない場合に限り相続人になり、第三順位の者は、第一順位及び第二順位の者がいない場合に限り相続人になります。異なる順位の者が同時に相続人になることはありません。

被相続人の配偶者については、常に相続人となります。他の相続人がいる場合には、その相続人と同じ順位で相続人になります。

故意に被相続人や先・同順位の相続人を殺害、あるいは、殺害が未遂に終わり刑に処せられた人などは相続人になれません。これを**相続欠格**といいます。相続欠格がなくても、被相続人に対する虐待や侮辱があった場合には、家庭裁判所の手続きにより相続人の資格を失わせることができます。これを**相続人の廃除**といいます。

民法の相続人と相続税法の法定相続人の数

設例1

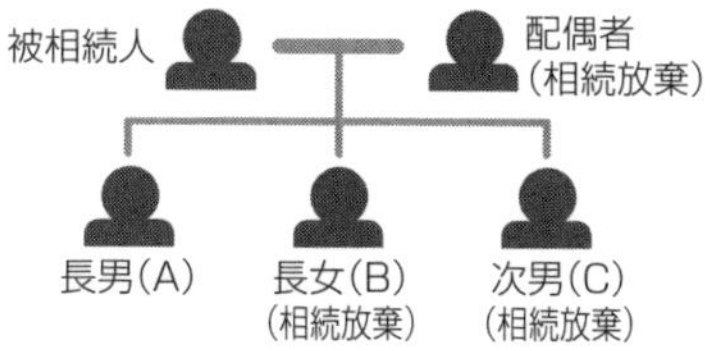

民法の規定による相続人は、A1人
相続税法の規定による法定相続人の数は、
配偶者、A、B、Cの4人

設例2

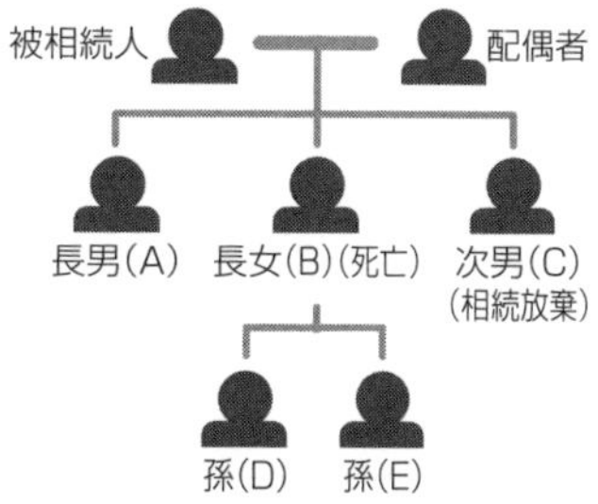

民法の規定による相続人は、配偶者、A、D、Eの4人
相続税法の規定による法定相続人の数は、
配偶者、A、C、D、Eの5人

設例3

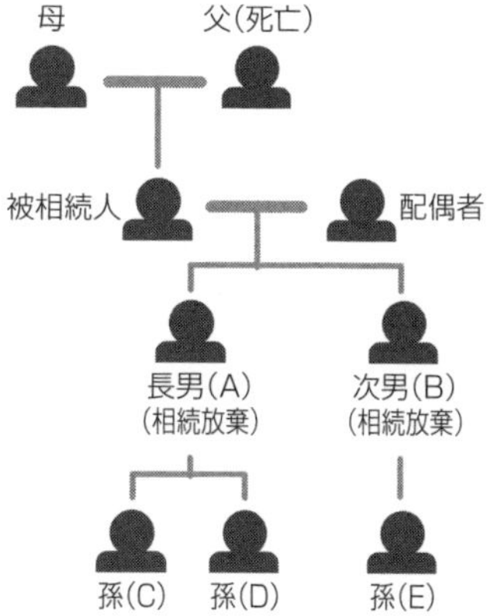

民法の規定による相続人は、配偶者、母の2人
相続税法の規定による法定相続人の数は、
配偶者、A、Bの3人

※相続税法の法定相続人の数は
No.35を参照のこと

設例4

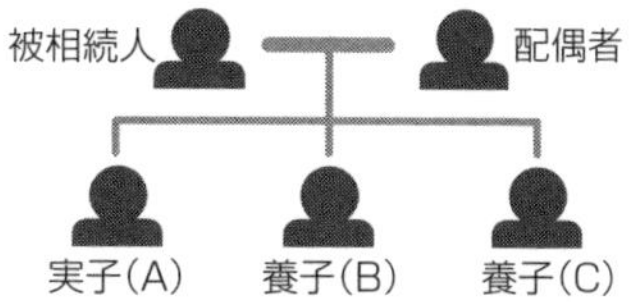

民法の規定により相続人は、配偶者、A、B、Cの4人
相続税法の規定による法定相続人の数は、
配偶者、A、B又はCのうち1人の3人

設例5

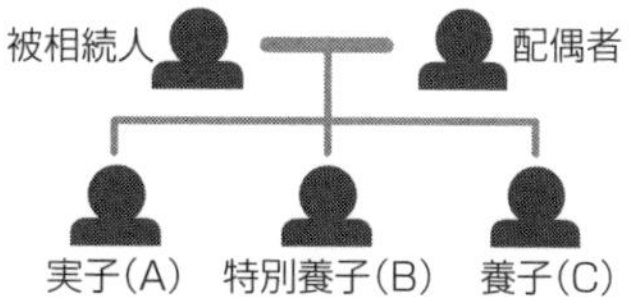

民法の規定による相続人は、配偶者、A、B、Cの4人
相続税法の規定による法定相続人の数は、
配偶者、A、B、Cの4人

Chapter 1

4 法定相続分とは

相続人は、被相続人の財産上の一切の権利義務を承継します。相続人が数人いる場合には、この権利義務を誰がどのような割合で承継するのかが問題になります。この割合を**相続分**といいます。民法では、同順位の相続人が数人いる場合における相続分を定めています。これを**法定相続分**といいます。

①配偶者及び子が相続人になるときは、配偶者の相続分及び子の相続分は、各2分の1となります。

②配偶者及び直系尊属が相続人になるときは、配偶者の相続分は3分の2、直系尊属の相続分は3分の1となります。

③配偶者及び兄弟姉妹が相続人になるときは、配偶者の相続分は4分の3、兄弟姉妹の相続分は4分の1となります。

④子、直系尊属又は兄弟姉妹が数人であるときは、各人の相続分は相等しいものとされます。①のケースで子が2人いた場合には、1/2×1/2＝1/4が各子の法定相続分となります。ただし、異父又は異母の兄弟姉妹の相続分は、父母の双方を同じくする兄弟姉妹の相続分の2分の1です。

⑤代襲相続人の相続分は、その代襲された直系尊属の受けるべきであった相続分と同じです。代襲相続人が数人いる場合には、その直系尊属の相続分を④の方法に従って分けます。

法定相続分と異なる配分を被相続人が遺言で指定することや、遺産分割協議により法定相続分とは異なる遺産分割を行うことも可能です。ただし、相続税の総額を計算するときには、相続の放棄があった場合でも、その放棄がなかったものとした場合の法定相続人が法定相続分により財産を取得したものとして計算します。

法定相続分

法定相続分は相続人の順位によって割合が異なる

配偶者 1/2	子 1/2
配偶者 2/3	直系尊属 1/3
配偶者 3/4	兄弟姉妹 1/4

設例1

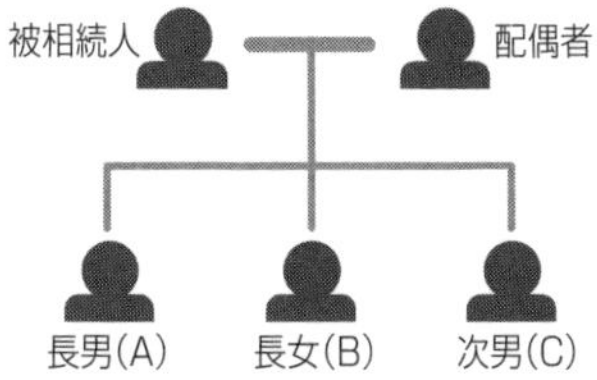

	法定相続分
配偶者	1/2
A	1/2×1/3=1/6
B	1/2×1/3=1/6
C	1/2×1/3=1/6

設例2

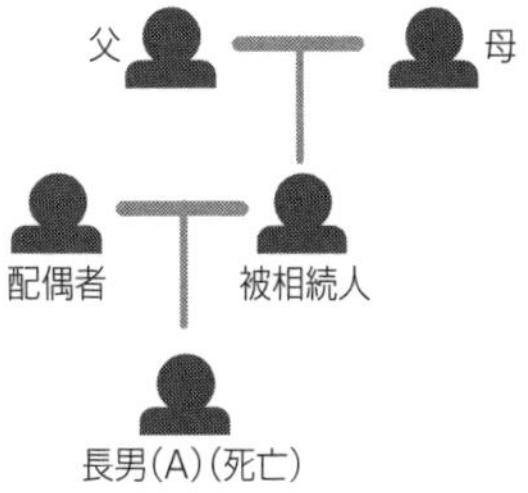

	法定相続分
配偶者	2/3
父	1/3×1/2=1/6
母	1/3×1/2=1/6

設例3

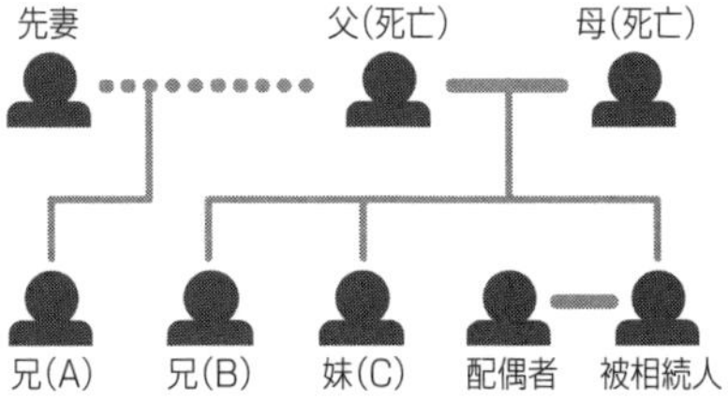

	法定相続分
配偶者	3/4
A	1/4×1/5=1/20
B	1/4×2/5=1/10
C	1/4×2/5=1/10

Chapter 1

5 法定相続分以外の相続分の定めはあるか

法定相続分は、基本的な相続財産の取得割合です。しかし、被相続人は法定相続分によらず、遺言で自由に相続分を指定することができます。また、第三者に相続分の指定を委託することもできます。

この相続分を**指定相続分**といいます。この指定相続分は法定相続分に優先することになります。もし、相続人の中の一部の者について相続分を指定した場合には、その他の相続人は指定された相続分の残りを法定相続分により分けます。

相続人の中に、被相続人から遺贈を受け、又は婚姻、養子縁組のためや生計の資本として贈与を受けている者がいる場合があります。このような人を、**特別受益者**といいます。

特別受益者がいる場合には、相続人の間で不公平が生じないように相続分の調整を行います。具体的には、相続分を算定するときに、被相続人の相続財産に特別受益の対象となる贈与財産を加算したものを相続財産とみなし、この財産の合計額に法定相続分又は指定相続分を適用した相続分を計算します。そして、計算された相続分からその遺贈又は贈与の価額を差し引いた額を、特別受益者の相続分とします。

なお、婚姻期間が20年以上の夫婦間での自宅の建物や土地の遺贈又は贈与については、原則として特別受益の対象としない取扱いとなっています。

また、相続人の中に、被相続人の事業に関する労務の提供又は財産上の給付、被相続人の療養看護等により、被相続人の財産の維持・増加につき特別の寄与をした相続人がいる場合があります。

この特別の寄与をした相続人については、その寄与分だけ他の共同相続人より相続分が多くなるように調整を行います。具体的には、被相続人の相続

特別受益者・特別の寄与をした相続人の相続

特別受益者の相続分

共同相続人の中に被相続人から生前に財産をもらった者、又は遺言により財産をもらう者（特別受益者）があるとき、その者の相続分は、次のように計算します。

①　相続開始時の相続財産価額＋贈与（遺贈）財産価額
②　①×相続分
③　②－贈与（遺贈）財産価額＝特別受益者の相続分

特別の寄与をした相続人の相続分

共同相続人の中に被相続人の事業に労務提供、財産の給付をした者や被相続人の療養看護等により、被相続人の財産の維持・増加に特別の寄与をした相続人があるとき、その者の相続分は、次のように計算します。

①　相続開始時の相続財産価額－寄与分の価額
②　①×相続分
③　②＋寄与分の価額＝特別寄与者の相続分

財産の価額から共同相続人の協議で定めた寄与分を控除したものを相続財産とみなし、この相続財産の合計額に法定相続分又は指定相続分を適用して、相続分を計算します。特別の寄与をした相続人については、寄与分を加算した額が相続分となります。

6 遺産の分割はどのように行うか

相続人が数人いる場合には、遺産はその共同相続人の共有財産とされます。

共同相続人は、いつでも、その協議により遺産を分割することができます。ただし、被相続人は、遺言によって相続開始の時から５年を超えない期間内に遺産の分割を禁じることができます。

遺産分割は、遺産に属する物又は権利の種類及び性質、各相続人の年齢、職業、心身の状態及び生活の状況、その他一切の事情を考慮して行います。

分割にあたっては、①配偶者が自宅、長男が株券、長女が預貯金を相続するといったように、個々の財産を各共同相続人が分割する**現物分割**、②遺産の全部もしくは一部を売却して、その代金を各共同相続人が分割する**換価分割**、③分割することが適当でない相続財産があり、その財産を共同相続人のうち１人が取得すると他の相続人の相続分が少なくなってしまう場合、その財産を取得した相続人がもらいすぎた分を他の相続人に金銭で支払いをして分割する**代償分割**、の３つの方法があります。実際には、これらの併用方式がとられることもあります。遺産分割が協議によっても調わない場合は、各共同相続人は家庭裁判所に**調停又は審判の申立て**をします。

また、被相続人は、遺言で分割方法を定めることができ、その定めを第三者に委託することもできます。

実際に遺産の分割がされた場合には、相続開始のときにさかのぼって、その効力は生じます。ただし、その効力は第三者の権利を害することはできません。たとえば、遺産分割前に共同相続人の１人が共有状態であった土地の自己の持分を第三者に譲渡した場合で、実際の遺産分割では別の相続人がその土地のすべての持分を取得することになったとしても、第三者の取得した権利は保護されます。

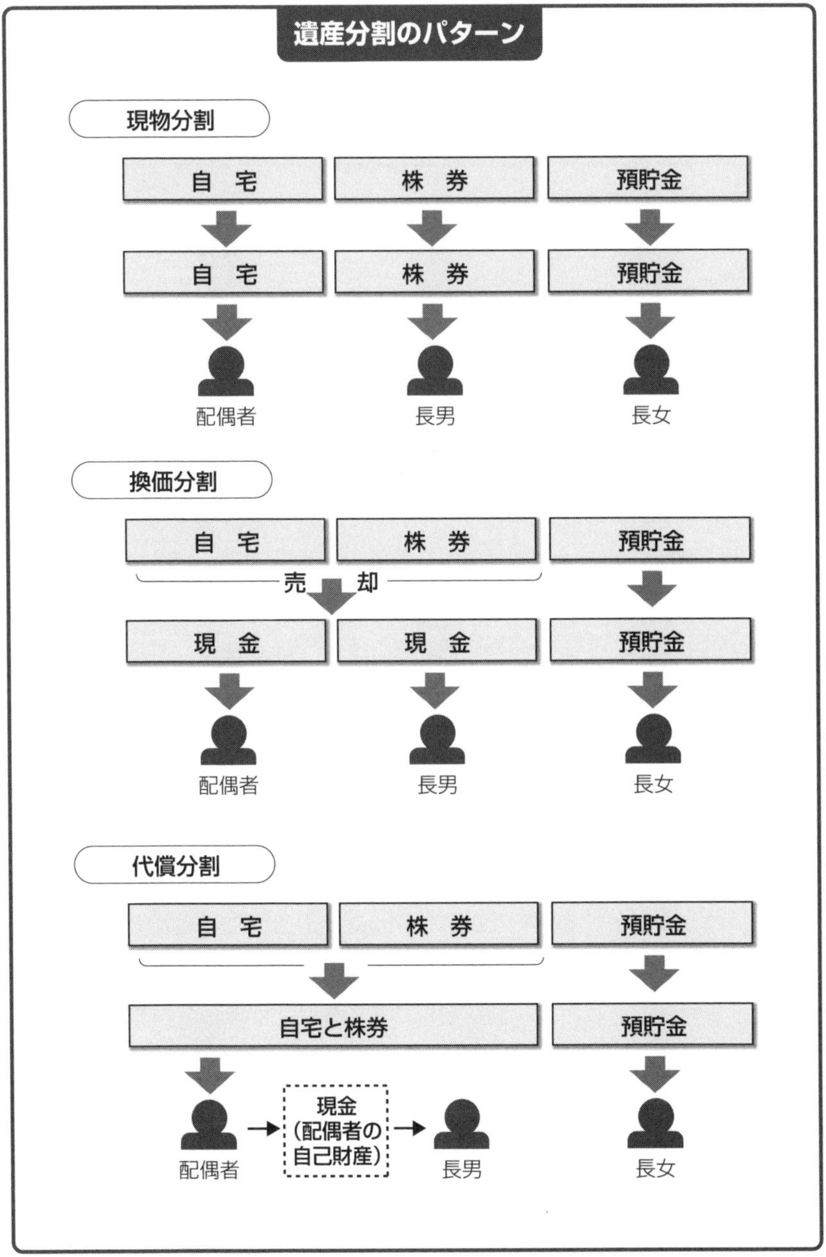
遺産分割のパターン
現物分割
自宅
株券
預貯金
自宅
株券
預貯金
配偶者
長男
長女
換価分割
自宅
株券
預貯金
売却
現金
現金
預貯金
配偶者
長男
長女
代償分割
自宅
株券
預貯金
自宅と株券
預貯金
現金
(配偶者の
自己財産)
配偶者
長男
長女

Chapter 1

7 遺産分割協議書とは

共同相続人は、いつでも遺産分割協議により遺産を分割できます。共同相続人の間で合意できれば、法定相続分・特別受益者がいる場合の相続分・寄与分にも係らず、自由に遺産分割協議をすることができます。

この遺産分割協議の成立の結果を証するために作成する書面が、**遺産分割協議書**です。遺産分割協議書は、共同相続人の間で合意した内容を対外的にも証明する重要な書類になります。自署及び実印の押印と印鑑証明書の添付が求められます。

民法上、遺産分割には期限は設けられていませんので、相続が開始した後５年後、１０年後に遺産分割をすることもできます。しかし、その後二次相続が発生した場合に、遺産分割に係る権利を持つ者が増え、遺産分割がまとまりにくくなる可能性があります。したがって、できるだけ早く分割協議を成立させるべきです。

相続税の特例である**配偶者の税額軽減**、**小規模宅地等の評価減の特例**等は、申告期限までに遺産分割が確定していることが適用の要件とされています。これらの特例の適用を受ける場合は、相続税申告書に遺産分割協議書の写しを添付することが必要です。したがって、申告期限（相続の発生を知った日の翌日から１０か月以内）までに、遺産分割がまとまらなかった場合は、当初の申告では、これらの特例を適用せずに税額を計算し納税することになります。

もっとも、申告期限から３年以内に遺産分割が確定すれば、更正の請求によりこれらの特例を適用した税額を計算し還付を受けることができます。なお、不動産の相続登記の場合にも、遺産分割協議書を登記申請書に添付します。

遺産分割協議書の例

遺産分割協議書

令和××年××月××日、東京都××区××町×丁目××番××号、甲野吾郎の死亡によって開始した相続における共同相続人である甲野良子、甲野太郎、甲野次郎の3名は、その相続財産について、次のとおり遺産分割の協議をした。

記

1．相続人　甲野良子　が取得する財産は次のものとする。

（1）所　在　××区××町×丁目
　　地　番　××番××
　　地　目　宅　地
　　地　積　500.00平方メートル

（2）所　在　××区××町×丁目
　　地　番　××番××
　　地　目　宅　地
　　地　積　300.00平方メートル

（3）所　在　××区××町×丁目××番地××
　　家屋番号　××番××
　　種　類　居　宅
　　構　造　木造瓦葺2階建
　　床面積　1階　130.00平方メートル
　　　　　　2階　85.00平方メートル

以上のとおり、遺産分割協議が成立したので、これを証するため、この遺産分割協議書3通を作成して、相続人全員が署名捺印し、各自その1通を保有する。

令和××年××月××日
東京都××区××町×丁目××番××号
相　続　人　　甲　野　良　子　印
東京都××区××町×丁目××番××号
相　続　人　　甲　野　太　郎　印
東京都××区××町×丁目××番××号
相　続　人　　甲　野　次　郎　印

自署押印

ここに注意！

申告期限までに遺産分割が行われていないと…
●配偶者の税額軽減が受けられない
●小規模宅地等の評価減の特例等が受けられない

申告期限から3年以内に遺産分割が確定した場合は…
●更正の請求により特例を適用した税額を計算し還付を受けることができる

Chapter 1

8 相続の承認・相続の放棄とは

相続人は、相続開始のときから、被相続人の財産に関する一切の権利義務を引き継ぎます。

通常、相続が発生した場合、被相続人の財産から債務を差し引いたプラスの財産を相続すると想定することが多いでしょう。ところが、もし被相続人の財産から債務を差し引いた結果がマイナスになってしまった場合は、どうでしょうか。多額の債務を抱え、債務超過の状態にある被相続人である親が亡くなったら、多額の債務を相続した子は借金の返済に追われて、場合によっては自己破産をしなければならないのでしょうか。

このような状況を救済するため、民法では、相続について**単純承認**、**限定承認**、**放棄**といった制度を設け、相続人に選択の機会を与えています。

①**単純承認**……無限に被相続人の権利義務を承継します。

②**限定承認**……相続によって取得した財産の限度においてのみ、被相続人の債務及び遺贈を弁済すべきことを留保して、被相続人の権利義務を承継します。

③**放棄**……被相続人の一切の権利義務を承継しません。相続の放棄をした者は、はじめから相続人とならなかったものとみなされます。

相続人は、相続の開始があったことを知ったときから3か月以内に、単純承認もしくは限定承認又は放棄を選択しなければなりません。この3か月という期間を熟慮期間といいます。

限定承認をするためには、財産目録を作成して家庭裁判所に提出し、限定承認をする旨を申し出なければなりません。相続人が数人いる場合には、限定承認は、共同相続人の全員が共同して行う必要があります。

放棄をする場合は、その旨を家庭裁判所に申し出なければなりません。相

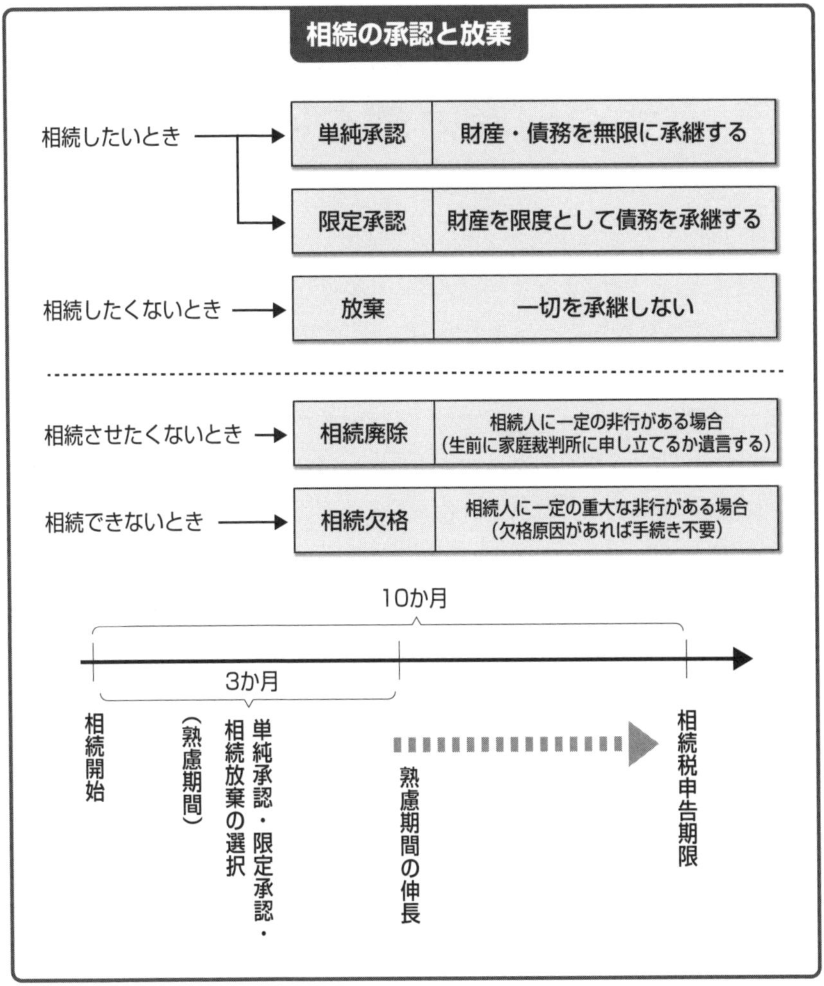

続人が数人いる場合には、放棄は、各相続人が単独で行うことができます。

相続人が相続財産の全部もしくは一部を処分したとき、又は、熟慮期間内に限定承認や放棄をしなかったときには、単純承認したものとみなされます。なお、熟慮期間は、利害関係者等の請求により家庭裁判所において伸長することができます。

Chapter 1

9 被相続人・相続人の債権者ができる財産分離とは

相続が開始し、債務超過の状態にある相続人が、被相続人の財産債務を単純承認した場合、相続財産と相続人の固有財産が混合されると、相続債権者（被相続人の債権者）又は受遺者が、債権回収又は遺贈を受ける上で、不利益を被る可能性があります。

逆に、通常であれば、限定承認もしくは放棄をすることが普通と考えられる債務超過の被相続人の財産債務を、相続人が単純承認をした場合、相続財産と相続人の固有財産が混合されると、相続人の債権者が、債権回収上、不利益を被る可能性があります。

このような不利益を防ぐため、相続債権者又は受遺者は、**相続財産の分離**を家庭裁判所に請求することができます。

請求期間は、相続開始のときから３か月以内ですが、この期間経過後でも、相続財産が相続人の固有財産と混合しない間であれば請求が可能です。

家庭裁判所が財産分離の命令を出した場合には、その請求者は５日以内に他の相続債権者及び受遺者に対し、①財産分離の命令があったこと、②２か月以上の期間を定めて、その期間内に配当加入の申し出をすべきことを公告しなければなりません。

この手続きにより、相続財産の分離の請求をした者及び上記の配当加入の申し出をした者は、相続人の債権者に優先して弁済を受けることができるようになります。ただし、相続財産が不動産である場合には、登記をしなければ第三者に権利を主張することができません。また、その価値変形物についても担保権の効力を認めるという物上代位の規定が準用されることから、相続人が相続財産の売却等をした場合には、その代金等を差し押さえることによって、優先して弁済を受けることができます。

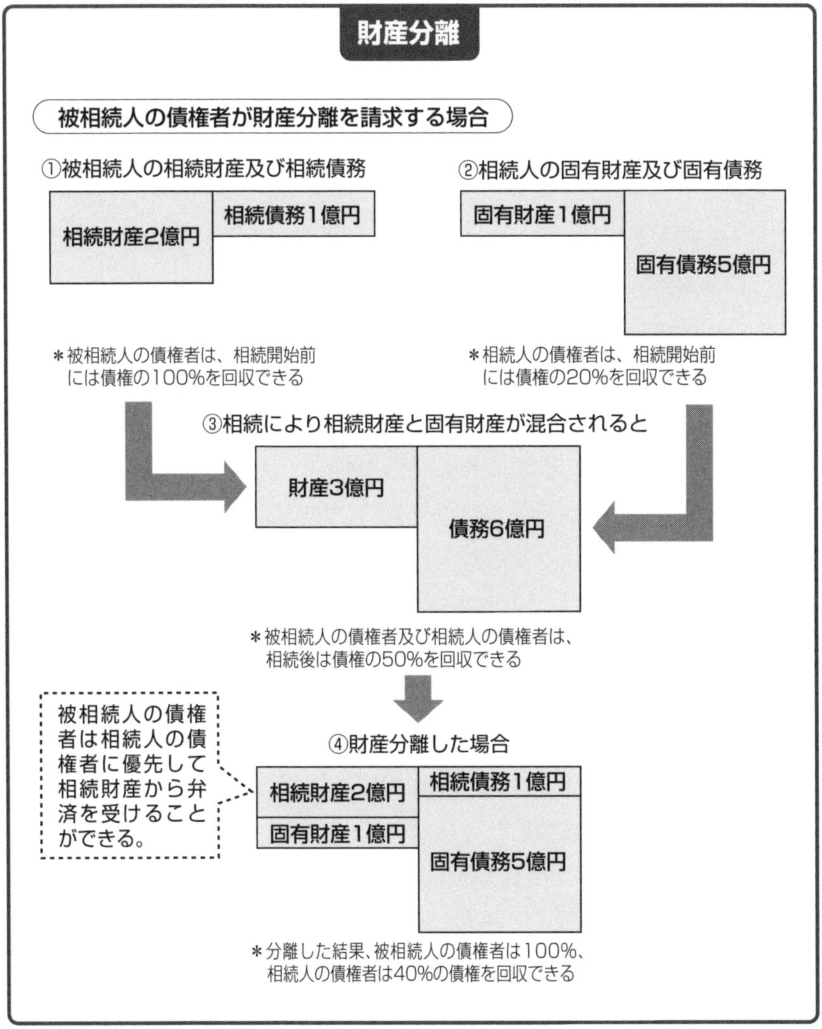

同様に、相続人の債権者は、相続開始のときから３か月以内、又はこの期間経過後においても相続財産と相続人の固有財産が混合しない間は、家庭裁判所に対して財産分離を請求することができ、相続人の固有の財産から優先して弁済を受けることができます。

Chapter 1

10 相続人の存在がわからない場合はどうすればいいか

相続人を特定するには、被相続人の出生から死亡までの除籍謄本、改製原戸籍、戸籍謄本等を取り寄せて調査しますが、相続人が存在するか否かがわからない場合があります。

人が財産を残して死亡した場合に、その人の相続人が存在するか否か不明な場合はどうすればいいでしょうか。このような場合には、相続財産を法人として扱い、その整理の手続きを定めています。

①家庭裁判所は、利害関係人又は検察官の請求によって相続財産の清算人を選任します。また、家庭裁判所は、遅滞なく清算人の選任した旨及び相続人があるならば一定の期間内にその権利を主張すべき旨を公告します。この期間は6か月を下ることができません。

②上記①の公告があったときは、相続財産の清算人は、すべての相続債権者及び受遺者に対して、2か月以上の期間を定めてその期間内にその請求の申し出をすべき旨を公告します。この期間は、上記①の期間内に満了する必要があります。

③上記①の期間内に、相続人としての権利を主張する者がいないときは、相続人及び相続財産の清算人に知れなかった相続債権者及び受遺者は、その権利を行使することができなくなります。

④上記①の期間内に相続人が明らかにならなかった場合、相当と認めるときは、家庭裁判所は、特別縁故者の請求によって、特別縁故者に清算後残存の相続財産の全部又は一部を与えることができます。特別縁故者はこの請求は上記①の期間満了後3か月以内にしなければなりません。特別縁故者とは、被相続人と生計を同じくしていた者、被相続人の療養看護に努めた者その他被相続人と特別の縁故があった者をいいます。

相続人の存在が不明な場合の手続きの流れ

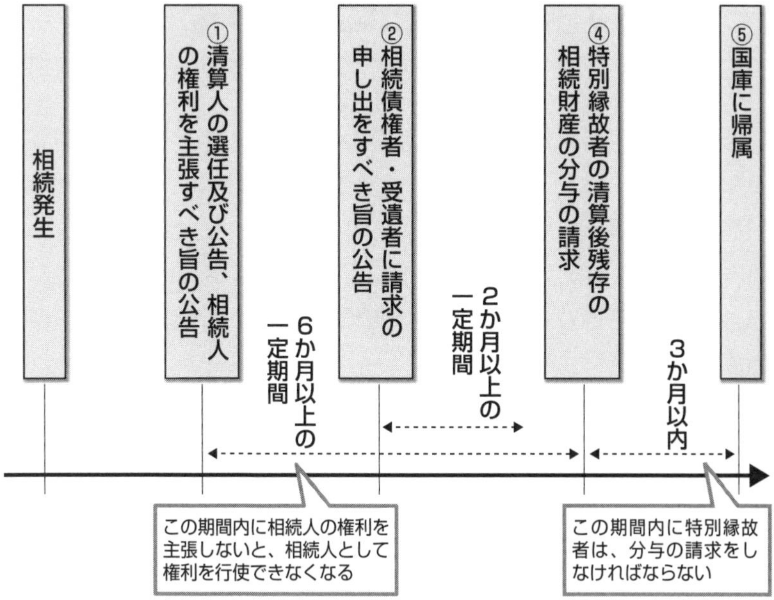

相続人がいない場合の相続財産の帰属先

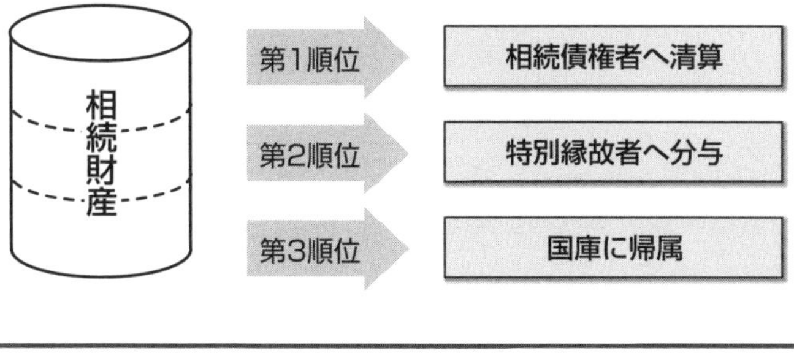

⑤上記④の後にも処分されなかった相続財産は、国庫に帰属します。

Chapter 1

11 遺言の方法にはどのようなものがあるか

相続手続きで最も重要なことは、遺産分割で残された相続人が互いに争うことを回避することです。このために最も有効な方法は、遺言書を作成し、信頼できる者を遺言執行者に指名することです。

遺言は、民法で定める方式に従わないと無効とされますので、作成には注意が必要です。普通方式の遺言には、**自筆証書遺言**、**公正証書遺言**、**秘密証書遺言**の３種類の方式があります。

自筆証書遺言は、遺言者がその全文、日付及び氏名を自書し、これに印を押すことにより作成します。長所は、遺言者が自書するため、他の２つの方法に比べ、費用がかからないことです。短所は、改ざんや紛失の恐れがあり、自書されたものかについて争いになることもあることです。また、相続発生後には、家庭裁判所の検認を受けなければなりません。なお、自筆証書遺言については次項No.12の取扱いがあります。

公正証書遺言は、証人２人以上の立会いのもとに、遺言者が遺言の趣旨を公証人に口授し、公証人が口述を筆記し、これに遺言者、証人、公証人が自署押印することにより作成します。長所は、公証人が作成するため、きわめて証拠能力が高いことです。また、紛失した場合にも、原本が公証人役場に保管されているので問題ありません。短所は、証人２人以上の立会いのもとに公証人が作成するため、手間と費用がかかることです。

秘密証書遺言は、遺言者が証書に署名押印し、証書に用いた印章で封印し、その封書を公証人と２人以上の証人の前に提出して、自己の遺言書である旨と筆者の氏名・住所を申述し、公証人がその証書を提出した日付と遺言者の申述を封紙に記載した後に、遺言者と証人が自署押印することにより作成します。相続発生後には、家庭裁判所の検認を受けなければなりません。

遺言の種類と遺言書作成の手順

3種類の遺言の方式（普通方式）

自筆証書遺言	・全文を自書することが必要（タイプ、代書などは無効） ・費用はかからないが、改竄・紛失の恐れがある ・家庭裁判所の検認が必要 （次項No.12の取扱いがあります）
公正証書遺言	・公証人に口頭で内容を述べ、証書を作成してもらう ・公証人の他に証人2人以上の立会いが必要 ・手間と費用はかかるが、証拠能力が高い
秘密証書遺言	・作成した遺言書を封筒に入れて封印し、公証人と2人以上の証人の前に提出する ・遺言書の内容が誰にも見られない ・家庭裁判所の検認が必要

遺言書作成の手順

家族の状況（相続人等の確定）→家族関係の問題の把握

↓

財産の把握

↓

相続税試算→分割方法による相続税の負担の増減・節税対策の検討

↓

生前贈与の検討→暦年課税・相続時精算課税による贈与

↓

遺言書の作成

↓

家族や財産の状況の変化→遺言書の見直し

Chapter 1

12 自筆証書遺言の財産目録と自筆証書遺言書保管制度

自筆証書遺言はすべての内容を遺言者自らが自書することが原則ですが、遺言に一体のものとして添付する財産目録については、自書ではなくパソコン等で作成した目録、銀行通帳のコピーや不動産の登記事項証明書等を目録として添付して、遺言を作成することができるようになりました（ただし、財産目録の各ページに自署押印が必要です）。

また、自筆証書遺言は遺言者自身で保管するのが原則ですが、「自筆証書遺言書保管制度」が創設され、令和2年7月10日から遺言者は、遺言者の住所地もしくは本籍地又は遺言者が所有する不動産の所在地を管轄する遺言書保管所（法務大臣が指定する法務局など）に対して、自筆証書遺言の保管を申請することができるようになりました。

遺言書保管制度を活用することにより、次のようなメリットがあります。

①遺言が法務局において適正に管理・保管されることから、遺言の紛失・亡失の恐れがなく、相続人等による遺言の破棄、隠匿，改ざん等を防ぐことができます。

②遺言の保管申請時には、民法の定める自筆証書遺言の形式に適合するかについて、遺言書保管官の外形的なチェック*が受けられます。

③相続開始後、家庭裁判所における検認が不要です。

④相続開始後、相続人等は法務局において遺言の閲覧や遺言書情報証明書の交付が受けられます。

⑤相続人のうちの1人が遺言書保管所において遺言の閲覧や、遺言書情報証明書の交付を受けた場合は、その他の相続人全員に対して、遺言書保管所に関係する遺言書が保管されている旨の通知が届きます。

⑥遺言者があらかじめ希望していた場合、その通知対象とされた方（遺言

自筆証書遺言の保管・検認手続の概要

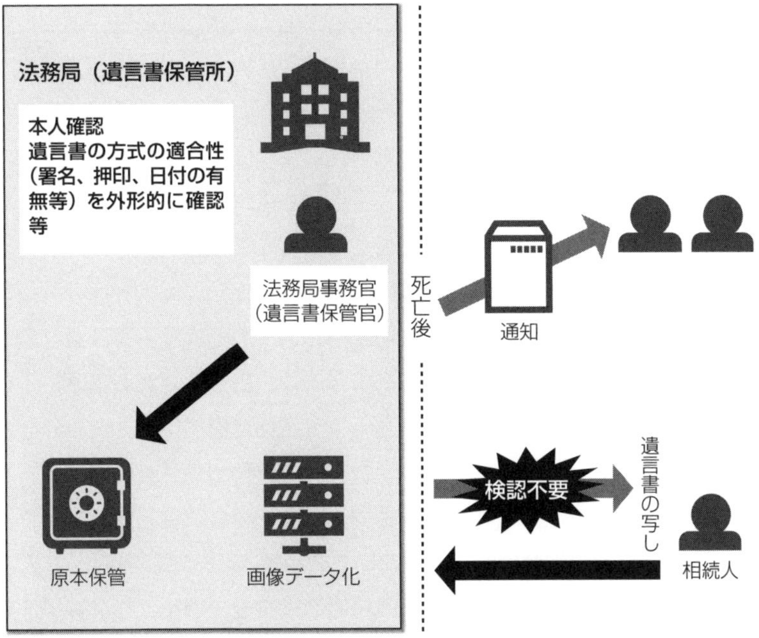

＊遺言書保管所に保管されている遺言書については、家庭裁判所の検認が不要となる。
＊遺言書の閲覧や遺言書情報証明書の交付がされると、遺言書保管官は、他の相続人等に対し、遺言書を保管している旨を通知する。

（出典：法務省パンフレット「相続に関するルールが大きく変わります」を基に作成）

者１名につき１人のみ）に対しては、遺言書保管所において遺言者の死亡の事実が確認できたときに、相続人等の閲覧等を待たずに、遺言書保管所に遺言が保管されている旨の通知が届きます。

＊遺言書保管官は、遺言の内容について相談に応じることはできません。また、遺言書保管制度は、保管された遺言の有効性を保証するものではありません。

Chapter 1

13 遺言の効力はいつ発生するか

遺言は、遺言者の死亡により、その効力が発生します。遺言は、遺言者の死亡前には何ら効力を持たず、いつでも自由に取り消すことができます。

遺言に停止条件を付した場合には、その停止条件が成就したときから効力が発生します。たとえば、「甲が20歳になったらこの預金を与える」という遺言は、遺言者の死亡後、甲が20歳になったときにその効力が発生します。

遺言により、自分の財産の全部又は何分のいくつというように遺産の全体に対する割合を他人に与える方法もありますし、特定の財産を指定して他人に与える方法もあります。前者の財産分与を**包括遺贈**といい、後者の財産分与を**特定遺贈**といいます。遺贈を受ける者を**受遺者**といいます。

包括遺贈を受けた包括受遺者は、相続人と同一の権利義務を有することとなり、遺贈の承認や放棄の時期等についても相続人の規定が適用されます。

特定遺贈を受けた特定受遺者は、遺言者の死亡後、いつでも遺贈の放棄ができます。この場合、遺言者の死亡のときにさかのぼって放棄の効果が生じます。このように、特定受遺者はいつでも遺贈の放棄ができるのですが、それでは権利義務関係がいつまでも確定せず不安定な状態となることから、相続人（遺贈義務者）等の利害関係人は、特定受遺者に対して、相当の期間内に遺贈を承認するか放棄するかの返答を催促することができます。この場合、特定受遺者がその期間内に返答をしなかった場合には承認したものとみなされて、権利義務関係が確定します。

もし、遺言の効力が発生する以前に受遺者が死亡している場合、又は、遺贈に関する停止条件が成就する前に受遺者が死亡してしまった場合は、遺言に別段の定めがある場合を除き、遺贈の効力は生じません。その遺贈されるはずだった財産は、相続人に帰属することになります。

遺言の効力の発生時期

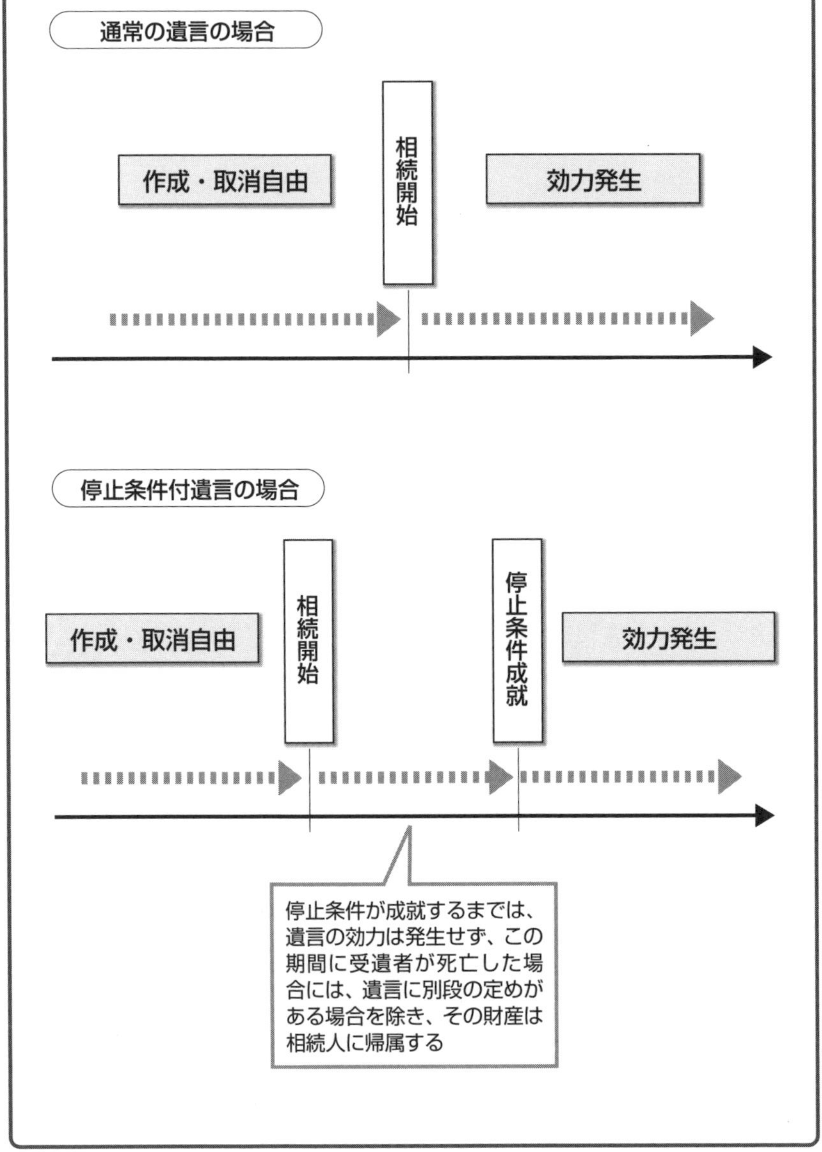
通常の遺言の場合
作成・取消自由
相続開始
効力発生
停止条件付遺言の場合
作成・取消自由
相続開始
停止条件成就
効力発生
停止条件が成就するまでは、遺言の効力は発生せず、この期間に受遺者が死亡した場合には、遺言に別段の定めがある場合を除き、その財産は相続人に帰属する

Chapter 1

14 遺言の執行はどのように行われるか

公正証書以外の遺言書の保管者は、相続の開始を知ったとき、遅滞なく遺言書を家庭裁判所に提出して、**検認**を受けなければなりません。また、遺言書の保管者がおらず、相続人が遺言書を発見した場合も、同様に検認を受けなければなりません。また、封印のある遺言書については、相続人又はその代理人の立会いのもとに、家庭裁判所で開封しなければなりません。この検認もしくは開封の手続きを怠った場合には、５万円以下の過料に処せられます。ただし、遺言の効力には影響はありません。

遺言の執行は、**遺言執行者**が行います。この遺言執行者は、遺言者が遺言で指定するか、第三者にその指定を委託します。指定を受けた者が遺言執行者の就任を承諾したときは、ただちにその任務を行わなければならず、相続財産の管理等、遺言の執行に必要な一切の行為をする権利義務を有します。

遺言執行者は遅滞なく、相続財産の目録を作成して、相続人に交付しなければなりません。遺言執行者には、委任の規定が準用されることから、その任務の遂行においては、善良なる管理者の注意義務をもって行うことが要求されます。遺言執行者の報酬については、遺言者が遺言に定めをした場合を除き、家庭裁判所が相続財産の状況等を考慮して決めることができます。

遺言執行者の地位は、相続人の代理人とみなされます。もし、遺言執行者が任務を怠ったときやその他の正当な事由がある場合には、利害関係人は家庭裁判所にその解任を請求することができます。逆に、遺言執行者は正当な理由がある場合には、家庭裁判所の許可を受けて辞任することもできます。

遺言執行者がいないとき、又はいなくなったときは、家庭裁判所が利害関係人の請求により選任することができます。遺言執行者には相続人もなることができますが、未成年者と破産者はなることができません。

遺言書の検認と執行

遺言書の検認

遺言書の保管者
又は
発見者

→ 相続開始後、遅滞なく提出 →

家庭裁判所の
検認

※公正証書遺言書は検認の必要はない
自筆証書遺言書保管制度で保管されている自筆証書遺言書も検認の必要はない

遺言の執行

誰が執行するか？ → 遺言執行者

遺言執行者の
指定は？ → 原則的には、
遺言者が遺言で
指定

遺言執行者には、未成年者及び破産者はなることはできない。実務的には、遺言書の作成に携わった金融機関、弁護士、税理士等が遺言執行者になっているケースが多い。
いずれにしても、信頼できる者を指定することが重要。

Chapter 1

15 配偶者居住権・配偶者短期居住権とは何か

被相続人の死亡時にその被相続人の財産であった建物に居住していた配偶者は、遺産分割又は遺言により、その居住していた建物（以下「居住建物」）の全部につき無償で居住したり賃貸したりする権利（＝「配偶者居住権」）を取得することができます。

相続財産として自宅以外にめぼしい財産がなく、かつ他の相続人が相続分を主張する場合には、遺産分割により配偶者が自宅を取得すると、金融資産など他の財産を相続できなくなる恐れがあります。これが配偶者居住権を取得する場合には、自宅の完全な所有権を取得する場合と比べて、評価額が小さくなり、配偶者は自宅での居住を継続しながらその他の財産も相続することが可能になります。

配偶者居住権の存続期間は、配偶者が亡くなるまで（ただし、遺産分割協議又は遺言で別段の定めをした場合には、その期間）です。

配偶者居住権を取得した配偶者は、従前の用法に従い、善良な管理者の注意をもって居住建物を使用することが義務付けられます。居住建物の所有者の承諾を得なければ、その建物の改築や増築又は第三者に対する賃貸を行うことができません。配偶者がこの善良な管理者の注意義務に違反した場合や、居住建物の所有者の承諾を得ずに増改築や第三者に対する賃貸をした場合には、居住建物の所有者は配偶者に対して相当の期間を定めて是正の催告を行い、その期間内に是正されないときは、配偶者に対する意思表示により、配偶者居住権を消滅させることができます。

配偶者は、居住建物の通常の費用（居住建物の保存に必要な通常の修繕費や固定資産税等）を負担します。

配偶者は、配偶者居住権を譲渡することができません。ただし、配偶者は

配偶者居住権のイメージ

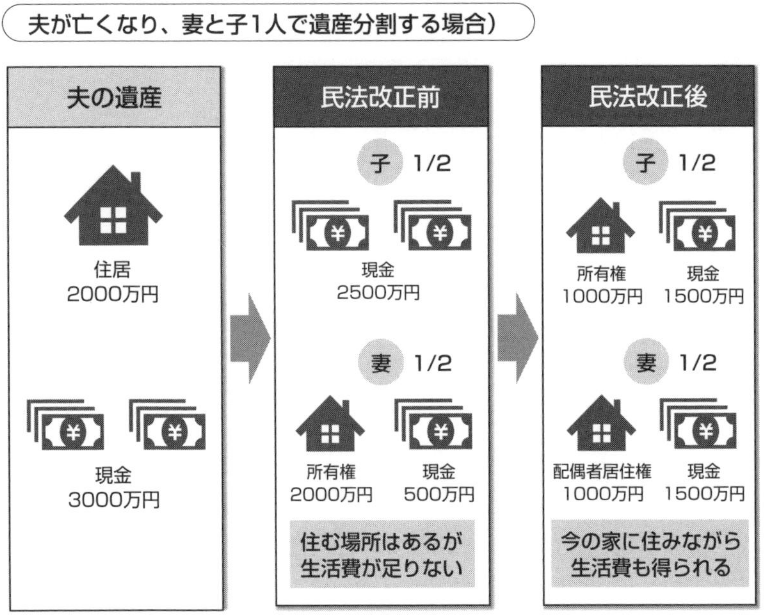

（出典：法務省パンフレット「配偶者居住権とは」を基に作成）

配偶者居住権を放棄することを条件に、これにより利益を受ける居住建物の所有者から立退料等の金銭の支払いを受けることは可能です。

また、被相続人の死亡時にその被相続人の財産であった建物に無償で居住していた配偶者は、遺産分割協議をする場合には遺産分割が確定した日又は相続開始の時から6か月を経過する日のいずれか遅い日まで、それ以外の場合には居住建物の取得者からの退去の申入れ日から6か月を経過する日まで、居住建物に無償で居住する権利が認められます。この権利を配偶者短期居住権といいます。配偶者短期居住権は、配偶者が配偶者居住権を取得した場合には消滅します。

Chapter 1

16 遺留分とは

本来、被相続人の財産は、被相続人が自由に処分できるというのが原則です。しかし、被相続人が相続人以外の第三者に全財産を贈与もしくは遺贈した場合や、特定の相続人１人に対して贈与もしくは相続させた場合は、他の相続人は、まったく財産を相続できないことになります。

このような場合、被相続人に扶養されていた相続人は、生活に支障をきたしてしまいます。また、被相続人の財産の形成に相続人が寄与してきたことが無視されるともいえるでしょう。

このような事情を考慮して、相続財産のうち一定の割合については、**遺留分**として相続人に権利を留保することとされています。

民法上、遺留分が認められるのは、兄弟姉妹以外の相続人です。具体的に、遺留分は以下の割合となっています。

①直系尊属のみが相続人であるとき……被相続人の財産の３分の１

②その他の場合……被相続人の財産の２分の１

遺留分の対象となる被相続人の財産は、被相続人が相続開始のときにおいて有していた財産の価額に、相続開始前１年（相続人に対する生前贈与は10年）間に行われた生前贈与の財産を加え、その中から債務の全額を控除して算定することとされています。なお、相続開始の１年（相続人に対する生前贈与は10年）より前にされた生前贈与の財産でも、当事者の双方が遺留分権利者に損害を加えることを知って贈与したものである場合は、この計算に含めます。

遺留分を侵害された遺留分権利者は、遺留分侵害額に相当する金銭の支払いを請求できます。遺留分侵害額の請求は、贈与・遺贈を受けた人に対して意思表示をすれば、書面でも口頭でもかまいません。一般的には、意思表示

法定相続分と遺留分の割合

相続人		法定相続分	遺留分
配偶者と子	配偶者	1/2	1/2×1/2=1/4
	子	1/2	1/2×1/2=1/4
配偶者と直系尊属	配偶者	2/3	1/2×2/3=1/3
	直系尊属	1/3	1/2×1/3=1/6
配偶者と兄弟姉妹	配偶者	3/4	1/2
	兄弟姉妹	1/4	遺留分なし
配偶者のみ		1(すべて)	1/2
子のみ		1(すべて)	1/2
直系尊属のみ		1(すべて)	1/3
兄弟姉妹のみ		1(すべて)	遺留分なし

上記において、それぞれ子・直系尊属・兄弟姉妹が数人いる場合には、個々の子・直系尊属・兄弟姉妹の法定相続分・遺留分は、その人数で除した割合になる。

を行ったという証拠を残すために内容証明郵便で行われています。この遺留分侵害額の請求権は、相続の開始及び遺留分を侵害する贈与や遺贈があったことを知ったときから1年間で消滅します。また、相続開始の時から10年を経過した場合も同様です。

Chapter 1

17 遺留分に関する民法の特例とは

民法上の遺留分の原則はNo.16のとおりですが、平成20年5月16日に公布された「中小企業における経営の承継の円滑化に関する法律」（以下、「**円滑化法**」という）では、その2章で遺留分に関する民法の特例（以下、「**民法特例**」という）が定められています。

円滑化法の目的は、代表者死亡による経営の承継の円滑化を図り中小企業の事業活動が継続することを促進することです。日本の経済において重要な役割を担っている多くの中小企業は、所有（株主）と経営が一致しています。そのため、経営者の死亡が事業活動の継続を阻害する要因〈遺産分割や遺留分行使による経営権（株式）の分散、多額の株式買取費用の発生、経営者の交代による信用力の低下、相続税負担等〉を生じさせます。これらの問題に対応するため、円滑化法では、民法特例、金融支援等、事業承継税制（税制は租税特別措置法に規定）を定めています。

事業活動を継続するためには、後継者に経営権を集中させる必要があります。そのため自社株式を生前に後継者へ贈与することが考えられます。しかし贈与した株式の価額も、民法の原則では相続時点の時価で、遺留分算定の基礎財産に組み入れられるため、「贈与⇒経営権の集中⇒事業活動の継続」という目的をスムーズには達成できません。そこで、民法特例が必要とされることになります。

民法特例には、**除外合意**と**固定合意**があります。除外合意とは、旧代表者（先代）から後継者が贈与を受けた株式について、旧代表者の推定相続人全員でその価額を遺留分算定の基礎財産に算入しないこと、つまり当該株式を基礎財産から除外する合意です。固定合意とは、旧代表者から後継者が贈与を受けた株式について、推定相続人全員で遺留分算定の基礎財産に算入する

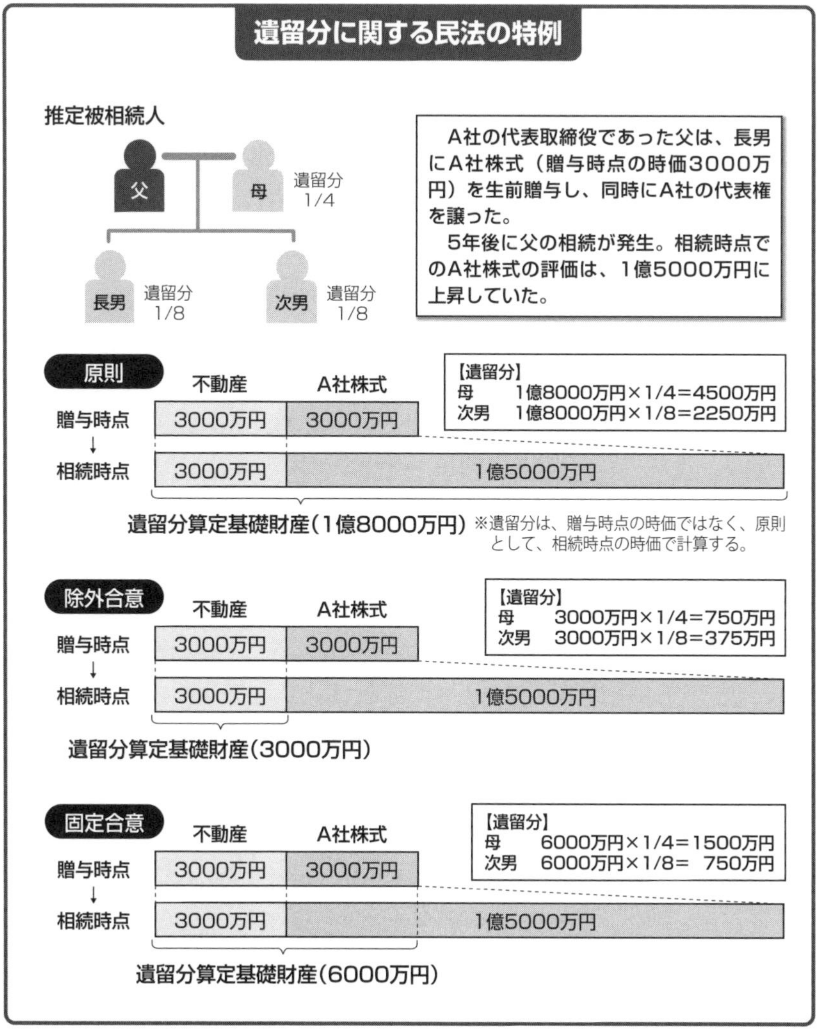

価額を「当該合意をした時の価額」に固定する合意です。この除外合意もしくは固定合意を活用すれば、後継者が株式の贈与を受け、後継者の経営努力により株式の価値が上昇した場合に、遺留分の負担が重くなるという問題の発生を回避することができます。

Chapter 1

18 特別寄与料とは

相続においては、民法で定められた相続人に該当しなければ、遺言がある場合を除き、何も相続財産を受け取れないのが原則になります。

たとえば、被相続人に対して、同居の被相続人の長男の妻が長年介護に携わっていたケースなどが見受けられます。仮に、別居の次男や長女が何ら被相続人の療養看護に貢献していなかったとしても、相続が発生した場合には、長男、次男、長女は相続人として相続財産を受け取れますが、長男の妻は何も受け取れないという不合理がありました。民法の改正により特別寄与料が創設され、このような不合理が解消される手段が用意されています。

被相続人に対して無償で療養看護その他の労務の提供をしたことにより被相続人の財産の維持又は増加について特別の寄与をした被相続人の親族（相続人、相続を放棄した者、相続人の欠格事由に該当する者、排除によって相続権を失った者を除く）は、相続開始後に相続人対して、寄与に応じた額の金銭（特別寄与料といいます）を請求できることとなりました。この請求ができる者を特別寄与者といいます。

寄与料の金額は、当事者間で協議しますが、協議が整わないとき又は協議することができないときは、特別寄与者は家庭裁判所に対して協議に代わる処分を請求することができます。なお、この請求は、特別寄与者が相続の開始及び相続人を知った時から６か月経過、又は相続開始の時から１年を経過するとできなくなります。期間には注意が必要です。

特別寄与料という制度ができましたが、相続開始後ではなく、被相続人の生前に療養看護に携わってくれる人に感謝の言葉とともに金銭その他の財産を渡してあげることのほうがよいと思います。

寄与分と特別寄与料の比較

	寄与分	特別寄与料
対象者	相続人	相続人以外の親族
対象となる行為	被相続人の事業に関する労務の提供又は財産上の給付、被相続人の療養看護その他の方法により被相続人の財産の維持又は増加について特別の寄与	無償で療養看護その他の労務の提供をしたことにより被相続人の財産維持又は増加について特別の寄与
効果	寄与分として相続分の調整	特別寄与料として金銭の請求権

寄与分よりも、特別寄与料の方が、対象となる行為の範囲が狭くなっています。

COLUMN

民法と税法～限定承認～

相続人は相続により被相続人の権利と義務の一切を引き継ぎます。

プラスの財産のみを相続する場合はよいのですが、亡くなった人が莫大な借金をして債務超過の場合や、友人の債務の保証人になっていて保証債務の履行を迫られそうな場合、亡くなった人が公開企業の代表取締役に就任しており株主代表訴訟がなされそうな場合には、相続人はこれらの債務を引き継ぐことになります。相続財産のうち財産だけをもらいたい、債務は引き継ぎたくないと思っても、プラスの財産をもらいたいならマイナスの財産も引き継がなければなりません。そんなときに登場するのが限定承認の制度です。限定承認をすれば、亡くなった人のプラスの財産を限度として相続することができます。亡くなった人が債務超過なら、限定承認をすればプラスの財産の範囲内で借金を返済すればいいので、民法上は、この制度を利用することも考えられます。

ただし税法の世界では注意すべき点があります。相続人が限定承認を行うと、被相続人が資産を時価で売却したものとみなして譲渡所得の課税がなされるのです。つまり、被相続人から相続人に対して譲渡があったとされてしまい、相続開始後4か月以内の準確定申告のときにこの譲渡所得税を納めることになります。もちろん、ここで納付された譲渡益に対する税金は相続債務として、被相続人に係る相続税の計算上、相続財産から債務控除することはできます。しかし、限定承認してみたら譲渡所得税が課税され、いたずらに債務が増えたということもありえます。民法だけに目を奪われると税法で痛い目にあうこともあるので注意が必要です。

第2章

相続税のしくみ

Chapter 2

19 相続が発生した場合のスケジュールは

個人が死亡した場合には、相続税の法定申告期限までにさまざまな手続きを行う必要があります。

①**通夜・告別式**……被相続人が死亡したことを親族、友人、知人、事業関係者等に通知し、通夜、告別式等を行います。

②**死亡届の提出**……被相続人の親族、同居者、家主等は、死亡したことを知った日から７日以内に、死亡診断書等を添付して、死亡届を市区町村長に提出しなければなりません。また、この死亡届を受理した市区町村長は、その死亡届を受理した日の属する月の翌月末日までに、その死亡届に記載された事項をその事務所の所在地の所轄税務署長に通知しなければならないことになっています。

③**役員の変更登記、税務署等に対する届出書の提出**…被相続人が役員に就任していた場合には、死亡後２週間以内に、役員変更の登記の申請が必要になります。

④**相続の承認又は放棄**……相続の開始があったことを知った日から３か月以内にしなければなりません。また、相続人の中に未成年者がいる場合には、特別代理人の選任が必要になるケースがほとんどです。特別代理人の選任には日数を要しますので、選任手続きは早めに行う必要があります。

⑤**所得税、消費税の準確定申告**……相続の開始があったことを知った日の翌日から４か月以内に、相続人が申告しなければなりません。また、青色申告の適用を受けていた被相続人の事業を引き継ぐ相続人が青色申告を選択する場合には、原則として同日までに青色申告の承認申請書を提出しなければなりません。

⑥**相続税の申告**……相続の開始があったことを知った日の翌日から10か

相続発生後の主なタイムスケジュール

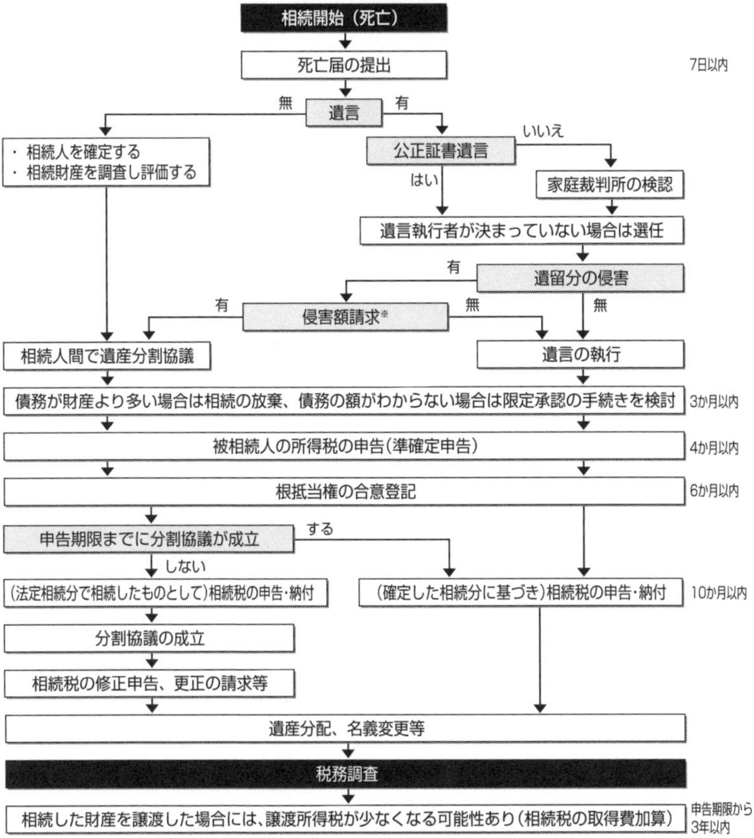

＊ 遺留分侵害額請求は、遺留分権利者が相続開始及び遺留分を侵害する贈与又は遺贈があったことを知った時から1年間行使しないとき、又は相続開始から10年で時効により消滅する。

月以内に、相続・遺贈等によって財産を取得した者が申告しなければなりません。相続税の申告においては、遺産分割が確定していない場合には適用を受けられない特例がありますので、申告期限までに遺産分割を確定させることが望まれます。また、原則として、この日までに相続税の納税が必要になります。

Chapter 2

20 準確定申告書とは何か

所得税は、毎年1月1日から12月31日までの1年間に生じた所得に対して課税される税金で、翌年の2月16日から3月15日までの間に申告・納付することになっています。被相続人が死亡した年に所得があった場合、被相続人の所得税について、被相続人に代わって、相続人や包括受遺者が、死亡した年の1月1日から死亡した日までの所得を計算して、確定申告をしなければなりません。これを準確定申告といいます。**準確定申告**は、相続の開始があったことを知った日の翌日から起算して4か月を経過した日の前日までに提出しなければなりません。たとえば、相続開始日が6月25日であるときは、10月25日が提出期限になります。

準確定申告書には、各相続人の氏名、住所、被相続人との続柄、相続分などを記入した「死亡した者の所得税の確定申告書付表（兼相続人の代表者指定届出書）」を添付し、被相続人の死亡当時の納税地の税務署に提出します。相続人が2人以上いる場合には、原則として、各相続人が連署により準確定申告書と付表を提出しなければなりません。なお、一緒に申告できない相続人や包括受遺者は、別に確定申告書と申告書付表を提出します。

準確定申告書の提出にあたってのポイントは、次のとおりです。医療費、社会保険料、生命保険料、地震保険料等の所得控除の対象となるのは、死亡の日までに支払った額です。死亡したときに入院していてその入院費を死亡後に支払った場合には、準確定申告の医療費控除の対象に含めることはできませんが、相続税の計算上、債務控除の対象になります。配偶者控除や扶養控除等の適用の有無の判定は、死亡の日の現況により行います。

準確定申告書により確定した納付税額又は還付税額については、相続税の計算上、債務控除の対象又は課税財産（未収還付税金）となります。

準確定申告書とは

準確定申告書とは？	被相続人の所得税の確定申告書のこと
誰が提出するのか？	相続人が連署で提出する
どこに提出するのか？	被相続人の納税地の所轄税務署
いつまでに提出するのか？	相続開始後4か月以内
作成上の注意点は？	その年の1月1日から死亡日までの期間について所得計算を行う。医療費控除等については死亡の日までに支払った額について適用があり、配偶者控除等については死亡日の現況により判断する

※　毎年、確定申告書を提出していた被相続人については、準確定申告書の提出が必要であるケースが多いので、早めの準備を心掛けること。

また、被相続人が事業を営んでいた場合には、事業を承継する相続人について、青色申告の承認申請・減価償却資産の償却方法の選定や消費税の簡易課税制度の選択等の各種の届出書の提出についても検討しておくこと。

Chapter 2

21 「相続税の申告等についての御案内」とは

被相続人が死亡した場合には、相続人等が死亡を知った日から7日以内に、その死亡地の市区町村長に対し、死亡届を提出することになっています。その提出を受けた市区町村長は、提出を受けた日の翌月末日までに死亡届に記載された事項をその事務所の所在地の所轄税務署長に通知します。

個人の確定申告書をはじめとして、各種お尋ね、財産・債務の明細書、名寄帳等、多種にわたる資料をもとに、死亡届が提出された被相続人のうち、相続税がかかるであろうと思われる被相続人の代表相続人に対して、相続税の申告等についての案内(「相続税の申告等についての御案内」)を、相続開始後6か月程度の時期に送付しています。この案内には、「相続税の申告要否検討表」が同封されています。

遺産の総額が、遺産にかかる基礎控除額に満たない場合等で、相続税を納付する必要がない場合は、相続税の申告書の提出は必要ありませんが、相続税の申告期限までに「相続税の申告要否検討表」の提出をするように求められます。「相続税の申告要否検討表」には、被相続人の住所・氏名、相続人の氏名、被相続人の財産や葬式費用、債務の概要を記載することになっています。

また、国税庁のホームページ(https://www.nta.go.jp)の「申告手続」の「確定申告等情報」の「相続税」のページに「相続税の申告要否判定コーナー」があり、ここで相続税申告の要否のおおよその判定を行うことができるほか、「相続税の申告要否検討表」を作成することもできます。ただし、相続税の申告の要否の検討は複雑な点も多いため、被相続人がある程度の財産を所有していた場合には、税理士に相談して、相続税の申告が必要か否かを確認してもらったほうがよいでしょう。

「相続税の申告等についての御案内」

「相続税の申告等についての御案内」とは？

→ 税務署が、①相続税の申告書又は②「相続税の申告要否検討表」の提出を求める案内のこと。

↓

「相続税の申告等についての御案内」は、税務署が各種資料に基づいて、相続税の申告義務が生じる可能性が高いと推測している相続人に送っている。

↓ 相続税が課税される場合

税務署からその相続について関心を持たれているため、相続税の申告書の提出について詳細な検討が必要となる。

↓ 相続税が課税されない場合

相続財産の評価額を試算し、基礎控除額以下であれば、相続税の申告と納税は不要。この場合であっても、相続税の申告期限までに「相続税の申告要否検討表」を税務署に提出する必要がある。

Chapter 2

22 相続税の課税方式は、どのようになっているか

相続税は、個人が被相続人の財産を相続又は遺贈により取得した場合に、その取得した財産の価額を基に課税されます。相続とは、民法で定められている法定相続人が財産を取得することをいい、遺贈とは、遺言によって相続人やその他の人が財産を取得することをいいます。遺贈には、死因贈与が含まれます。

相続税の課税方式には、**遺産課税方式**と**遺産取得課税方式**があります。

遺産課税方式とは、被相続人が生きている間の所得税の補完という意味合いから、被相続人の遺産の総額に税金をかける方式です。**遺産取得課税方式**とは、相続等により財産を取得したという経済的利益に着目して、各相続人等が取得した財産に対して税金をかけるという方式です。日本の相続税は、遺産取得課税方式の中でも法定相続分をもとに相続税の総額を計算する**法定相続分課税方式**を採用しています。

相続税は、相続税法という法律に基づいて課税されます。相続税法は相続税額の計算方法や手続き等について定めたものであり、「相続人には誰がなれるのか」「各相続人はどのような割合で財産を相続できるのか」といった相続全般に関する事柄については民法で定めています。このため、民法を理解していなければ、相続税の計算をすることはできません。

相続税額の計算で大きなウエイトを占めるのは、相続した財産の評価額です。相続税法では、**相続又は遺贈により取得した財産の価額は、原則として当該財産の取得の時における時価**により評価すると定められています。地上権及び永小作権、定期金に関する権利、立木については、相続税法においてその評価方法が定められていますが、それ以外の財産の評価方法については具体的に定められていません。それ以外の財産の評価については、**財産評価**

相続税の課税方式（参考）

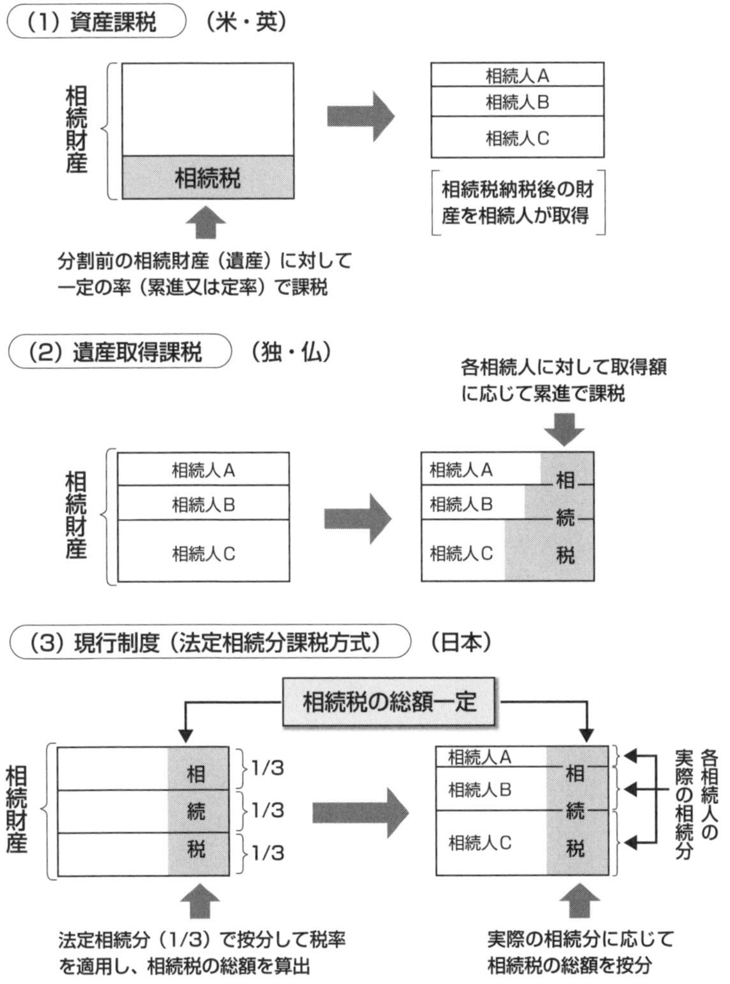

（出典：税制調査会平成20年7月22日開催第25回企画会合資料　相続税関係5頁）

基本通達の定めに従って評価されます。

Chapter 2

23 相続税の計算方法は、どのようになっているか

相続税の計算方法は、以下のステップで進めます。

①課税価格の計算

相続財産から債務及び葬式費用を控除し、これに被相続人から相続人等に対する３年以内の贈与財産を加算して、相続税の課税対象となる課税価格を計算します。なお相続時精算課税を選択している場合には、相続時精算課税による贈与財産を期間の制限なく相続財産に加算する必要があります。

②課税遺産総額の計算

一定限度以下の財産には、相続税は課税されません。この一定限度を**遺産にかかる基礎控除額**といいます。具体的には、3000万円＋600万円×法定相続人の数の額です。①で計算した課税価格から遺産にかかる基礎控除額を差し引いた金額が課税遺産総額です。

③相続税の総額の計算

課税遺産総額を、実際に財産を取得したかどうかに関係なく「法定相続人が法定相続分で分割したもの」と仮定して、各相続人ごとにその分割後の金額に対して、各人ごとの税率を適用します。この金額を合計した金額が**相続税の総額**です。実際にどのように遺産分割しようとも、相続税の総額が変わらないように配慮されています。

④各人の算出税額の計算

実際に財産を取得した人が、相続税の負担をします。各人が実際に取得した財産の課税価格の比率に応じて、相続税の総額を按分することにより、各人の算出税額が計算されます。

⑤納付税額の計算

各人の算出税額に、相続税額の２割加算、配偶者の税額軽減、未成年者控

相続税の計算のイメージ

	項	目	合計	配偶者	子A	子B
①課税価格の計算	本来の財産	宅地	XXX	XXX	XXX	XXX
		家屋	XXX	XXX	XXX	XXX
		有価証券	XXX	XXX	XXX	XXX
		預貯金	XXX	XXX	XXX	XXX
		家庭用財産	XXX	XXX	XXX	XXX
	＋みなし相続財産	生命保険金	XXX	XXX	XXX	XXX
		同上の非課税	△ XXX	△ XXX	△ XXX	△ XXX
		退職手当金	XXX	XXX	XXX	XXX
		同上の非課税	△ XXX	△ XXX	△ XXX	△ XXX
	▲債務控除・葬式費用	未払金	XXX	XXX	XXX	XXX
		借入金	XXX	XXX	XXX	XXX
		預り金	XXX	XXX	XXX	XXX
		葬式費用	XXX	XXX	XXX	XXX
	＋相続時精算課税適用財産		XXX	XXX	XXX	XXX
	＋相続開始前3年以内の贈与財産		XXX	XXX	XXX	XXX
	課税価格（実際の取得割合）		**2億円**（1.00）	1億円（0.50）	5000万円（0.25）	5000万円（0.25）
	遺産にかかる基礎控除額		△4800万円	—	—	—
②課税遺産総額の計算	**課税遺産総額**		1億5200万円	7600万円 ×1/2（税率適用）	3800万円 ×1/2×1/2（税率適用）	3800万円 ×1/2×1/2（税率適用）
③相続税の総額の計算	**相続税の総額**		2700万円	1580万円 ×0.50	560万円 ×0.25	560万円 ×0.25
④各人の算出税額の計算	**各人の算出税額**		2700万円	**1350万円**	**675万円**	**675万円**
⑤納付税額の計算	相続税額の2割加算		—	—	—	—
	暦年課税分の贈与税額控除		△ XXX	△ XXX	△ XXX	△ XXX
	配偶者の税額軽減		△ 1350万円	△ 1350万円	—	—
	未成年者控除		△ XXX	—	△ XXX	△ XXX
	障害者控除		△ XXX	△ XXX	△ XXX	△ XXX
	相次相続控除		△ XXX	△ XXX	△ XXX	△ XXX
	外国税額控除		△ XXX	△ XXX	△ XXX	△ XXX
	差引税額		XXX	XXX	XXX	XXX
	相続時精算課税分の贈与税額控除		XXX	XXX	XXX	XXX
	納付税額		1350万円	0円	675万円	675万円

除、相次相続控除等を加減算して、各人の納付税額を計算します。

Chapter 2

24 相続税が課税される財産には何があるか

個人が被相続人から相続又は遺贈により取得した財産に対して、相続税が課税されます。相続人は被相続人の財産上の一切の権利義務を承継しますが、相続税額を計算する上では、被相続人のプラスの財産から債務と葬式費用を差し引いた純財産額に対して相続税を計算します。

プラスの財産としては、土地・建物・現金預金・有価証券・自動車・貴金属・書画骨董・家財等といった有形の資産のみならず、特許権・著作権等といった無形の権利も含まれます。ただし、墓所その他一定の財産については、非課税財産として相続税はかかりません（No.25参照）。

相続税の課税対象となる財産の範囲は、被相続人と相続人の相続開始時における住所等により異なります。具体的には、次頁のとおりとなります。

また、民法上は相続財産ではありませんが、①死亡保険金、②死亡退職金、③生命保険契約に関する権利等については、「みなし相続財産」として相続税の課税対象に含まれます（No.26参照）。

さらに、**相続開始前３年以内にされた一定の生前贈与財産及び相続時精算課税*による贈与財産**も、相続税の課税対象に含まれます。

相続税の計算上差し引く債務としては、借入金・公租公課等で被相続人の死亡の際に現存するものが対象となります（No.34参照）。

＊［令和５年度税制改正項目］令和６年１月１日以後の贈与については、暦年課税により贈与を受けた財産を相続財産に加算する期間を相続開始前３年間から７年間に延長し、延長した４年間に受けた贈与のうち総額100万円までは相続財産に加算しないこととされます（No.33参照）。
また、相続時精算課税についても一定の見直しが行われます（No.65参照）。

相続税の納税義務者と課税財産の範囲

下記の図表中、グレーの区分に該当する相続人（居住無制限納税義務者・非居住無制限納税義務者）が相続により取得した財産については、国内財産・国外財産に係らずすべて相続税の課税対象になる。

一方、白の区分に該当する相続人（居住制限納税義務者・非居住制限納税義務者）は、相続により取得した国内財産についてのみ、相続税の課税対象になる。

被相続人＼相続人		国内に住所あり		国内に住所なし		
			一時居住者*1	日本国籍あり		日本国籍なし
				10年以内に国内に住所あり	10年以内に国内に住所なし	
国内に住所あり						
	一定の外国人*2		国内財産のみ（居住制限納税義務者）		国内財産のみ（非居住制限納税義務者）	国内財産のみ（非居住制限納税義務者）
国内に住所なし	10年以内に国内に住所あり					
	一定の外国人*3		国内財産のみ（居住制限納税義務者）		国内財産のみ（非居住制限納税義務者）	国内財産のみ（非居住制限納税義務者）
	10年以内に国内に住所なし		国内財産のみ（居住制限納税義務者）		国内財産のみ（非居住制限納税義務者）	国内財産のみ（非居住制限納税義務者）

＊1 相続開始の時において出入国管理及び難民認定法別表第1の在留資格を有する人で、相続開始前15年以内において日本国内に住所を有していた期間の合計が10年以下の人をいう。

＊2 相続開始の時において＊1の在留資格を有する人をいう。

＊3 相続開始の時において日本国内に住所を有していなかった被相続人で、相続開始前10年以内のいずれかの時において日本国内に住所を有していたことがある人のうち、いずれの時においても日本国籍を有していなかった人をいう。

Chapter 2

25 相続税が課税されない非課税財産とは

相続税は、原則として、相続又は遺贈により取得したすべての財産が課税対象とされます。しかし、財産の性質、社会政策的な見地、国民感情等を考慮して、相続税の課税対象としない財産があります。これらの財産を、相続税の**非課税財産**といいます。

次のような財産を相続したとしても相続税はかかりません。

①墓所、霊びょう及び祭具等

②宗教、慈善、学術等の公益目的事業を行う者で一定のものが相続又は遺贈により取得した財産で、その公益目的事業の用に供することが確実なもの

③心身障害者扶養共済制度に基づく給付金の受給権

④相続人の受け取った死亡保険金（みなし相続財産）のうち、500万円に法定相続人の数を乗じて計算した金額に達するまでの金額

⑤相続人の受け取った死亡退職金（みなし相続財産）のうち、500万円に法定相続人の数を乗じて計算した金額に達するまでの金額

⑥死亡弔慰金のうち以下の金額

・業務上の死亡の場合……賞与以外の普通給与の３年分

・業務外の死亡の場合……賞与以外の普通給与の半年分

死亡弔慰金のうち、上記の範囲を超える金額は退職金として扱われます。

⑦相続財産を申告期限までに、国もしくは地方公共団体又は一定の公益法人に寄付した場合の寄付財産

⑧相続財産に属する金銭を申告期限までに、特定公益信託の信託財産にするために支出した場合の当該金銭

相続税が課税されない財産の例

非課税財産の種類

- 墓所、霊びょう及び祭具等
- 公益目的事業を行う者が取得した財産
- 心身障害者扶養共済制度に基づく給付金の受給権
- 相続人の取得した死亡保険金のうち一定額
- 相続人の取得した死亡退職金のうち一定額
- 死亡弔慰金のうち一定額
- 国、地方公共団体等に贈与した相続財産
- 特定公益信託に支出した相続財産である金銭

Chapter 2

26 みなし相続財産とは

みなし相続財産は、本来、民法上の相続財産ではありません。

しかし、その財産を取得することが、実質的に相続又は遺贈によって取得したことと同様の経済的効果をもたらすため、その経済的効果に着目して、相続税の計算上、相続財産とみなす財産です。みなし相続財産には、以下のようなものがあります。

①**死亡保険金**……被相続人が保険に加入していた場合、被相続人が亡くなると生命保険金・損害保険金が支払われます。これらの保険金のうち、被相続人が支払っていた保険料に対応する部分の金額がみなし相続財産になります。なお、被相続人以外の者が支払っていた保険料に対応する部分の金額は、保険料を支払っていた人と保険金を受け取った人が同じ人であれば所得税がかかり、違う人であれば贈与税がかかります。

②**死亡退職金等**……被相続人が亡くなったことにより相続人等に支払われる退職手当金、功労金等のことで、被相続人の死亡後３年以内に支払われることが確定したものが、みなし相続財産になります。

③**生命保険契約に関する権利**……被相続人が保険料の全部又は一部を支払い、保険契約者を被相続人以外としている生命保険契約があります。この生命保険契約の相続時における価値のことを、生命保険契約に関する権利といいます。相続が開始したときに、まだ保険事故が発生していない生命保険契約について、被相続人が支払った保険料に対応する部分の当該契約に関する権利は、みなし相続財産となります。

④**上記以外の一定の利益の享受**

みなし相続財産を取得した者が相続人である場合には、相続によって取得したものとみなされ、相続人以外の者である場合には、遺贈によって取得し

みなし相続財産のイメージ図（死亡保険金）

◆死亡保険金のうち、被相続人が支払った保険料に対応する部分の金額は、相続財産とみなされる（みなし相続財産）

◆死亡保険金のうち、保険金受取人が支払った保険料に対応する部分は、所得税の課税対象となる

◆死亡保険金のうち、被相続人・受取人以外の個人が支払った保険料に対応する部分は、贈与税の課税対象となる

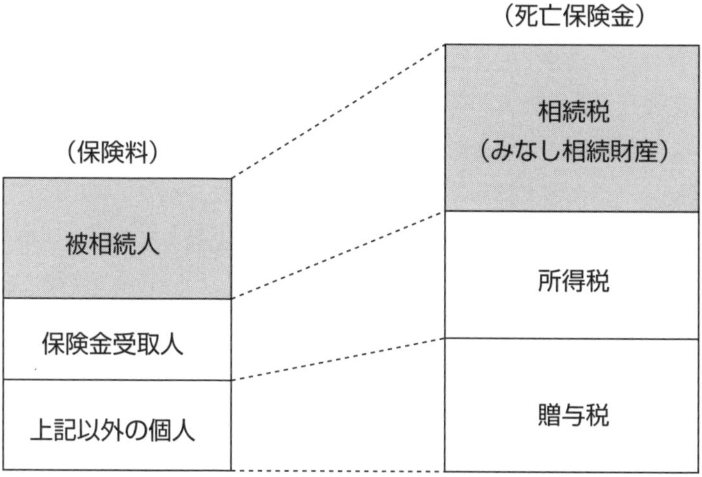

たものとみなされます。

なお、みなし相続財産とされる死亡保険金、死亡退職金については、相続人の生活保障等を考慮して、一定の金額については相続税がかかりません（No.25参照）。

Chapter 2

27 相続税が課税される生命保険金・死亡退職金とは

生命保険金とは、被保険者の死亡を保険事故として、支払われる死亡保険金のことを指します。被相続人の死亡により取得した生命保険金で、その保険料を被相続人が負担していたもの（保険料負担者、被保険者ともに被相続人である場合）は、みなし相続財産として相続税の課税対象となります。

生命保険金は相続人の生活資金となることから、この死亡保険金の受取人が相続人である場合、非課税枠が認められており、すべての相続人が受け取った保険金の合計額のうち、「500万円に法定相続人の数」を乗じて計算した非課税限度額を超える部分が相続税の課税対象になります。

年金で受け取る保険金の評価については、有期定期金、終身定期金等の区分ごとに「定期金に関する権利」の評価方法が定められています。

相続開始時に保険事故が発生していない生命保険契約で、被相続人が保険料を負担し、かつ、被相続人以外の者が契約者であるものを生命保険契約に関する権利といい、みなし相続財産となります。生命保険契約に関する権利の評価は相続開始の時において当該契約を解約するとした場合に支払われる解約返戻金相当額を基に評価します。

被相続人の死亡により、被相続人に支給されるべきであった退職手当金・功労金等（死亡退職金）を遺族が受け取る場合で、死亡後３年以内に支給額が確定したものは、みなし相続財産として相続財産に含まれます。支給された金額が評価額となりますが、「500万円に法定相続人の数」を乗じた金額については、非課税財産となり、相続税は課税されません。

相続開始時に支給期の到来していない給与等や、被相続人が受け取るべきであった賞与の額が相続開始後に確定した場合については、これらの金額は死亡退職金に含まれず、本来の相続財産に該当します。

生命保険の用語

用語	意味・事例
契約者	保険会社と契約を結び、契約上の一切の権利義務を負担する人（通常、保険料を支払う義務のある人）
被保険者	病気をしたり、死亡したら保険金がおりる生命保険の対象となっている人
保険金受取人	契約者から保険金の受け取りを指名された人

死亡保険金に係る課税関係

保険料負担者	被保険者	保険金受取人	税金の種類
A	A	B	相続税
B	A	B	所得税
B	A	C	贈与税

被保険者Aの死亡により保険金が支払われる場合、保険料負担者・被保険者・保険金受取人が同一人か否か等により課税される税目が決まる。

生命保険金に係る相続税の非課税金額

500万円×法定相続人の数

＊死亡退職金についても、生命保険金とは別枠で、500万円×法定相続人の数で計算した金額が非課税とされ、相続税は課税されない。

弔慰金については、業務上の死亡の場合には賞与以外の普通給与の3年分を、業務上の死亡でない場合には賞与以外の普通給与の半年分を非課税財産とし、それを超える金額については死亡退職金として取扱うこととしています。

Chapter 2

28 小規模宅地等の減額の特例

相続や遺贈により取得した宅地等の中には、相続人の生活基盤となる財産で、容易に処分することが困難であるものが含まれている場合があります。そこで、相続財産の中に、一定の要件を満たす居住用や事業用等の宅地等が含まれている場合には、これら宅地等の相続税の課税価格に算入すべき価額の計算上、一定割合を減額する特例が設けられています。これが小規模宅地の減額の特例です。

この特例は、個人が相続や遺贈により取得した宅地等で、相続開始直前において、被相続人あるいは被相続人と生計を一にしていた被相続人の親族の、居住用あるいは事業用として使用していたものが適用対象とされます。この場合の事業には、事業とはいえない不動産の貸し付けも含まれます。なお、建物や構築物の敷地として使用されているものであることや棚卸資産等に該当しないものであることも要件とされます。

各人が取得した宅地等のうち、この特例の適用を受けることができる限度面積が決められています。その限度面積は、宅地等の利用状況等により、特定事業用宅地等、特定同族会社事業用宅地等である場合には400㎡まで、特定居住用宅地等である場合には330㎡まで、貸付事業用宅地等である場合は200㎡まで、それぞれ減額の対象となります。

減額する割合は、特定事業用宅地等、特定居住用宅地等、特定同族会社事業用宅地等が80%、貸付事業用宅地等が50%です。

なお、この特例の適用を受けるためには、相続税の申告書に、この特例を受けようとする旨を記載するとともに、小規模宅地等に係る計算の明細書や遺産分割協議書の写しなど一定の書類を添付する必要がありますので、注意が必要です。

小規模宅地等の評価減の特例

利用状況	小規模宅地等の種類	減額割合	限度面積
①居住用	特定居住用宅地等	80%	330㎡
②事業用	特定事業用宅地等	80%	400㎡
③同族会社の事業用	特定同族会社事業用宅地等	80%	400㎡
④貸付用	貸付事業用宅地等	50%	200㎡

限度面積の計算

限度面積については、特定事業用宅地等、特定同族会社事業用宅地等、特定居住用宅地等、貸付事業用宅地等のうちいずれか2つ以上についてこの特例の適用を受けようとする場合は、次の算式を満たす面積がそれぞれの宅地等の限度面積（上限）になります。

特例の適用を選択する宅地等	限度面積
①居住用及び②事業用又は③同族会社の事業用［④貸付用がない場合］	①≦330㎡、(②+③)≦400㎡ ①と（②+③）の両方を選択する場合は合計730㎡
④貸付用及びそれ以外（①、②又は③）［④貸付用がある場合］	$(②+③)\times\frac{200}{400}+①\times\frac{200}{330}+④$ ≦200㎡

また、被相続人から生前に贈与を受けた宅地等で相続税の課税価格に算入されたものや、相続時精算課税制度に係る贈与により取得した宅地等については、この特例の適用を受けることはできません。

Chapter 2

29 特定居住用宅地等とは

特定居住用宅地等とは、相続開始の直前において次の（1）又は（2）の用に供されていた宅地等で、それぞれに掲げる要件を満たす親族が相続又は遺贈により取得したものをいいます。

（1）被相続人の居住の用に供されていた宅地等*

①被相続人の配偶者

②被相続人と同居していた親族

…相続開始直前において、その宅地等の上に存する家屋に被相続人と同居し、相続開始時から相続税の申告期限まで継続してその宅地等を所有し、かつ、その家屋に居住していること。

③①及び②以外の親族

以下の要件をすべて満たすこと。

・日本国籍を有する者であること。

・被相続人に配偶者がいないこと。

・相続開始の直前において被相続人の居住の用に供されていた家屋に居住していた被相続人の相続人（相続の放棄があった場合には、その放棄がなかったものとした場合の相続人）がいないこと。

・相続開始前３年以内に日本国内にある取得者、取得者の配偶者、取得者の三親等内の親族又は取得者と特別の関係がある一定の法人が所有する家屋（相続開始の直前において被相続人の居住の用に供されていた家屋を除く）に居住したことがないこと。

・相続開始時に、取得者が居住している家屋を相続開始前のいずれの時においても所有していたことがないこと。

・その宅地等を相続開始時から相続税の申告期限まで有していること。

特定居住用宅地等にかかる小規模宅地等の減額の特例

被相続人Aさんの自宅敷地であった宅地X（500㎡）を、相続人Bさん（Aさんと別居）が相続した。宅地Xの相続税評価額は1億円。
Bさんが小規模宅地等の減額の特例の適用を受ける場合、宅地Xの相続税の課税価格に算入する金額はいくらになるか?

特例を受けるためのチェックポイント

宅地Xの取得者であるBさんが、以下の要件をすべて満たすこと。
・日本国籍を有していること。
・被相続人Aさんに配偶者がいないこと。
・相続開始の直前において被相続人の居住の用に供されていた家屋に居住していた被相続人の相続人（相続の放棄があった場合には、その放棄がなかったものとした場合の相続人）がいないこと。
・相続開始前3年以内に、日本国内にある取得者（Bさん）、取得者の配偶者、取得者の三親等内の親族又は取得者と特別の関係がある一定の法人が所有する家屋（相続開始の直前において被相続人の居住の用に供されていた家屋を除く）に居住したことがないこと。
・相続開始時に、取得者が居住している家屋を相続開始前のいずれの時においても所有していたことがないこと。
・その宅地等を相続開始時から相続税の申告期限まで有していること。

特例の適用を受ける場合の課税価格に算入する金額の計算

減額される額 ➡ 1億円×$\frac{330㎡}{500㎡}$×80%=5280万円

課税価格算入額 ➡ 1億円－5280万円=4720万円

(2) 被相続人と生計を一にする親族の居住の用に供されていた宅地等

①被相続人の配偶者

②被相続人と生計を一にしていた親族

相続開始時から相続税の申告期限まで引き続きその家屋に居住し、かつその宅地等を相続税の申告期限まで有していること。

＊相続開始の直前に、被相続人が老人ホーム等に入所していたため空き家となっていた自宅の敷地の用に供されていた宅地であっても、一定の要件を満たす場合には「被相続人の居住の用に供されていた宅地等」に該当することとされます。

Chapter 2

30 特定事業用宅地等、貸付事業用宅地等とは

特定事業用宅地等とは、相続開始直前において次の①又は②の用に供されていた宅地等で、それぞれに掲げる要件をすべて満たす被相続人の親族が相続又は遺贈により取得したものをいいます。

①相続開始直前において被相続人の事業（不動産貸付業等を除く）の用に供されていた宅地等*1

…その宅地等の上で営まれていた被相続人の事業を相続税の申告期限までに承継し、かつ、相続税の申告期限までその宅地等を所有し、その事業を引き続き営んでいること。

②被相続人と生計を一にしていた親族の事業（不動産貸付業等を除く）の用に供されていた宅地等*1

…その親族が取得し、相続開始時から相続税の申告期限までその宅地等を所有しており、かつ、相続開始前から相続税の申告期限まで、その宅地等の上で引き続き自己の事業を営んでいること。

貸付事業用宅地等とは、相続開始直前において次の①又は②の用に供されていた宅地等で、それぞれに掲げる要件をすべて満たす被相続人の親族が相続又は遺贈により取得したものをいいます。

①相続開始直前において被相続人の貸付事業の用に供されていた宅地等*2

…その宅地等の上で営まれていた被相続人の貸付事業を相続税の申告期限までに承継し、かつ、相続税の申告期限までその宅地等を所有し、その事業を引き続き営んでいること。

＊1その相続の開始前3年以内に新たに事業の用に供された宅地等（一定規模以上の事業の用に供された宅地等を除く）は、対象外とされます。

＊2その相続の開始前3年以内に新たに貸付事業の用に供された宅地等（一定の貸付事業の用に供された宅地等を除く）は、対象外とされます。

特定事業用宅地等にかかる小規模宅地等の減額の特例

被相続人Cさんの事業用の宅地Y（500㎡）を、相続人Dさんが相続した。宅地Yの相続税評価額は1億円。Dさんが小規模宅地等の減額の特例の適用を受ける場合、宅地Yの相続税の課税価格に算入する金額はいくらになるか?

特例の適用を受ける場合の課税価格に算入する金額の計算

減額される額 ➡ 1億円×$\frac{400\text{㎡}}{500\text{㎡}}$×80%= 6400万円

課税価格算入額 ➡ 1億円−6400万円=3600万円

貸付事業用宅地等にかかる小規模宅地等の減額の特例

被相続人Eさんの貸付事業用の宅地Z（500㎡）を、相続人Fさんが相続した。宅地Zの相続税評価額は1億円。Fさんが小規模宅地等の減額の特例の適用を受ける場合、宅地Zの相続税の課税価格に算入する金額はいくらになるか?

特例の適用を受ける場合の課税価格に算入する金額の計算

減額される額 ➡ 1億円×$\frac{200\text{㎡}}{500\text{㎡}}$×50%=2000万円

課税価格算入額 ➡ 1億円−2000万円=8000万円

②被相続人と生計を一にしていた親族の事業（不動産貸付業等を除く）の用に供されていた宅地等[*2]

…その親族が取得し、相続開始時から相続税の申告期限までその宅地等を所有しており、かつ、相続開始前から相続税の申告期限まで、その宅地等の上で引き続き自己の貸付事業を営んでいること。

Chapter 2

31 相続財産に加算する生前贈与財産とは

相続税は、相続又は遺贈により取得した財産に対して課税されるため、生前に財産をすべて贈与してしまえば、相続税は課税されないことになります。これを抑制するために、贈与については贈与税を課税することにより一定の歯止めをかけており、このため、贈与税は相続税の補完税と呼ばれています。

このような相続税と贈与税の関係から、相続又は遺贈により財産を取得した人が、相続開始前３年以内*に被相続人からの暦年課税による贈与を受けたことがある場合には、その贈与財産を相続財産に加算して相続税を計算します。一方で、この相続財産に加算された贈与財産について贈与税が課税されていた場合には、その支払った贈与税は、暦年課税分の**贈与税額控除**により相続税額より差し引きます。相続が起こった日からさかのぼって３年以内*の贈与については、贈与財産と贈与税を相続時に精算するというわけです。

この場合、相続開始前３年以内*の贈与については、贈与税が課税されていたかどうかに関係なく加算します。したがって基礎控除額（年110万円）以下の贈与財産や死亡した年に贈与されている財産、贈与税の申告を忘れていた財産も加算することになります。

これよりも前に贈与を受けた財産については、この加算の対象にはなりません。また、相続開始前３年以内*の贈与であっても、相続又は遺贈により財産を取得しない人（たとえば、相続人にならない孫や子供の配偶者）への贈与は、相続財産への加算の対象になりません。

できるだけ早い時期から贈与を行えば、相続税の負担を減らせるような移転ができます。相続税と贈与税は累進税率になっていますので、相続税と贈与税の税率の差を利用した節税対策も可能です。

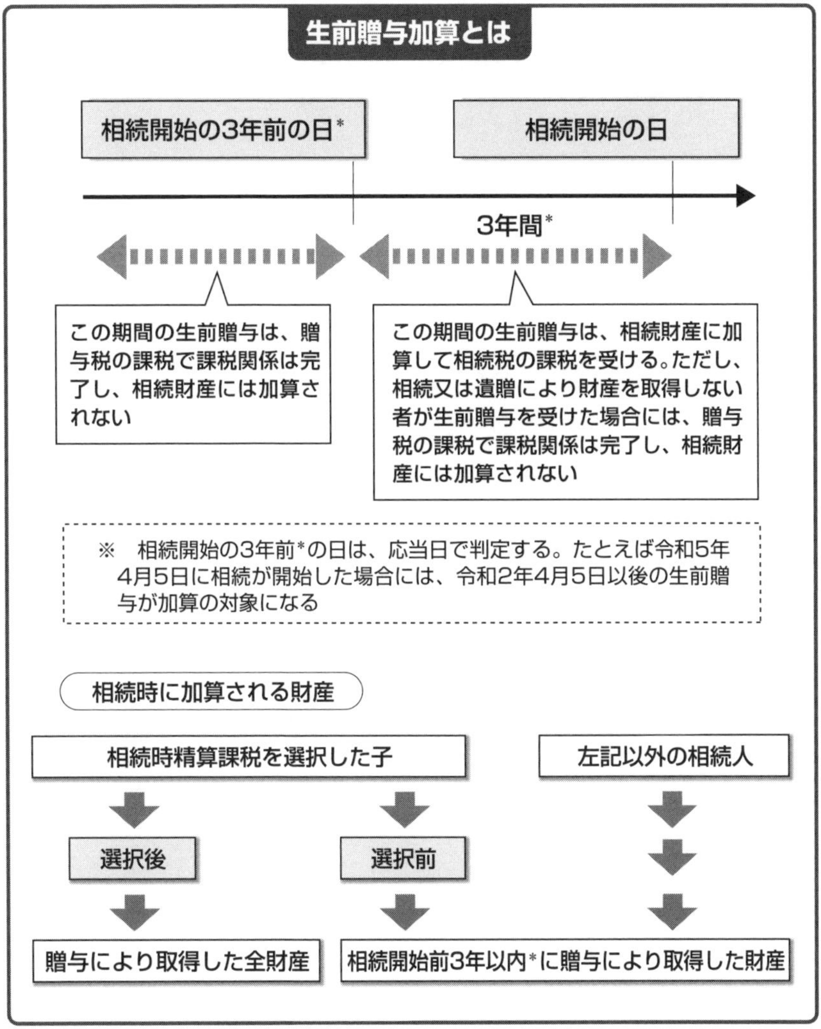

なお、相続時精算課税を選択した場合、その選択後の贈与については、3年以内*かどうかに係らず、その全額を相続財産に加算します。

*［令和5年度税制改正項目］令和6年1月1日以後の贈与については、相続開始前7年以内（No.33参照）

Chapter 2

32 生前贈与財産が相続財産に加算されない場合

相続開始前３年以内*に相続人等に対して贈与をした場合には、その贈与財産の価格は、相続税の計算上、相続財産に加算して計算されます。これは、相続開始前に財産を贈与することにより、相続税の節税を図ることを防止するために行われています。相続税の計算では、贈与時の価額で加算されます。

しかし、この規定は相続が開始したとき、その贈与を受けた者が相続又は遺贈により財産を取得しなかった場合には適用がありません。つまり、相続人や遺言で財産をもらう予定の者以外の者に対して、相続開始前３年以内*に贈与しても、相続財産に加算されることはありません。したがって、相続人にも受遺者にもならない予定の孫等に対しては、相続開始前３年以内*という期間の制限に係らず、生前贈与を活用した相続税の節税対策を有効に行うことができます。

配偶者については、**贈与税の配偶者控除**という特例（No.58参照）があります。これは、婚姻期間が20年以上ある配偶者からの居住用不動産又はそれを取得するための金銭の贈与で、一定のものについて、2000万円までを課税価格から控除できるという制度です。贈与時にこの贈与税の配偶者控除の適用を受けた場合には、たとえ相続開始前３年以内*の贈与であっても、相続財産に加算する必要はありません。したがって、贈与税の配偶者控除の適用を受ける2000万円分については、贈与税も相続税も課税されないことになります。

また、父母又は祖父母から贈与を受け、**住宅取得等資金の贈与を受けた場合の非課税の特例**（No.60参照）や**教育資金の一括贈与を受けた場合の非課税の特例**（No.61参照）や結婚・子育て資金の一括贈与を受けた場合の非課税の特例（No.62参照）の適用を受けた財産についても同様に、相続

生前贈与加算の対象になるか・ならないか

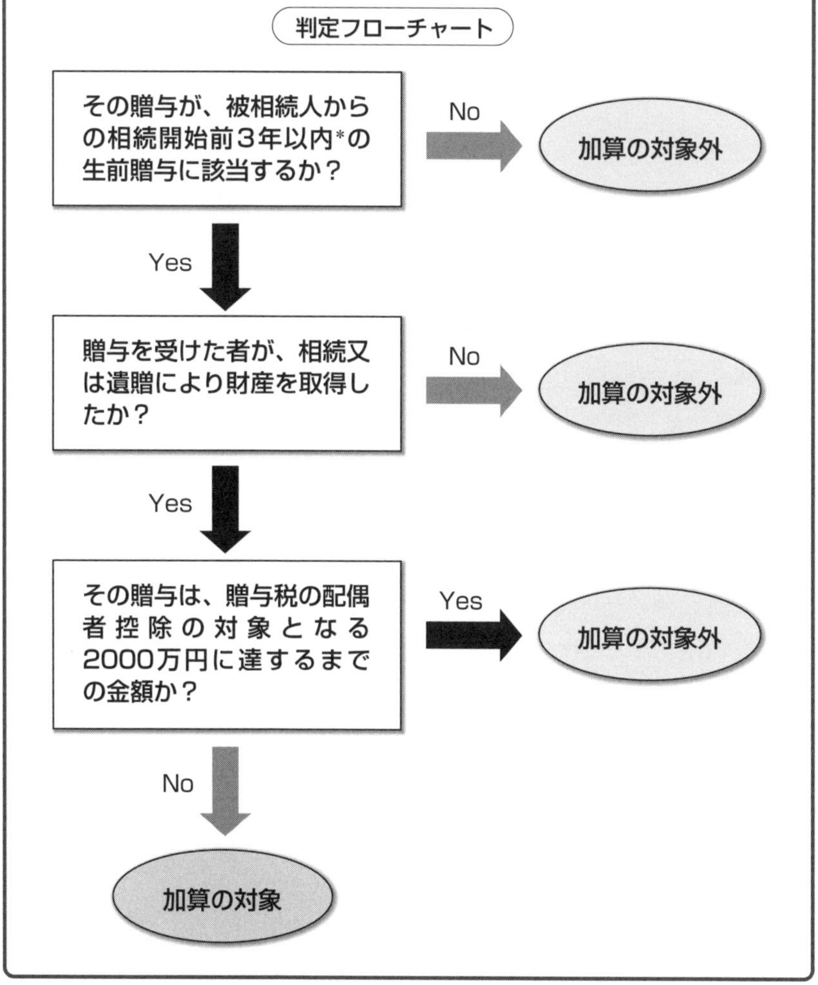

財産に加算する必要はありません。

＊［令和5年度税制改正項目］令和6年1月1日以後の贈与については、相続開始前7年以内（No.33参照）

Chapter 2

33 令和6年以後の生前贈与財産の相続財産への加算期間の見直し

財産を分割して贈与して、相続税の税率よりも低い贈与税の税率の適用を受けようとする節税対策を規制するため、令和5年度税制改正により、原則として令和6年1月1日以後の贈与について見直しが行われます。

被相続人から相続又は遺贈により財産を取得した者が、その被相続人から相続開始前7年以内（改正前は3年以内）に贈与を受けた財産がある場合には、原則、その贈与により取得した財産（加算対象贈与財産）の価額（贈与時の価額）が、被相続人に係る相続税の課税価格の計算上加算され、加算された者の相続税の計算上、加算された贈与財産の価額に対応する贈与税額を控除されます。なお、被相続人から相続又は遺贈により財産を取得しなかった者が被相続人から贈与を受けた財産の価額は、改正前と同様に被相続人に係る相続税の課税価格には加算されません。

また、過去に受けた贈与の記録・管理に係る事務負担を軽減する観点から、加算対象贈与財産のうちその相続開始前3年以内に贈与により取得した財産以外の財産については、その財産の合計額から100万円が控除されます。たとえば令和13年1月1日に相続が開始した場合、令和6年1月1日から9年12月31日までの間に贈与を受けた財産の合計額から100万円が控除されます。

上記の加算期間の延長には経過措置があり、令和9年1月以後に開始した相続より改正前の3年から順次延長されます。令和9年1月1日から令和12年12月31日までに開始した相続については、令和6年1月から相続開始日までに受けた贈与財産の額が加算対象とされ、令和13年1月1日後に開始した相続から加算期間が7年となります。たとえば令和8年7月1日に相続が開始した場合、令和5年7月1日以降に受けた贈与が加算対象となります。

令和６年以後の生前贈与財産の相続財産への加算の見直しの概要

相続又は遺贈により財産を取得した者が、その**相続開始前7年以内**（改正前：3年以内）に、その相続に係る被相続人から贈与により財産を取得したことがある場合は、その贈与により取得した財産の価額（その財産のうち相続開始前3年以内に贈与により取得した財産以外の財産については、その財産の価額の合計額から100万円を控除した残額）が、相続税の課税価格に加算される。

この改正は、**令和6年1月1日以後に受けた贈与**について適用される。

Point
・加算期間を7年間に延長
・延長4年間に受けた贈与については総額100万円までには相続財産に加算しない

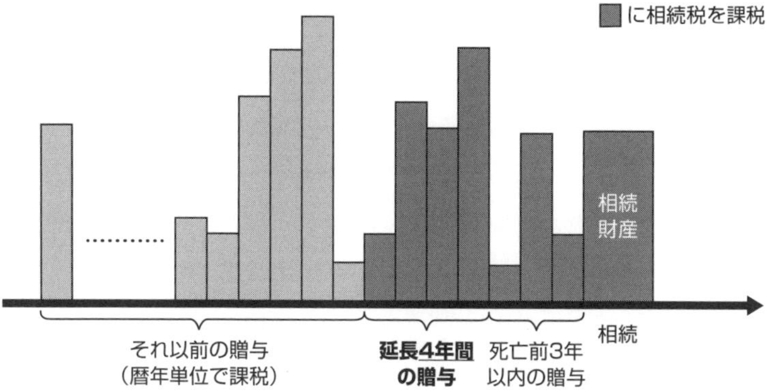

（出典：財務省「令和5年度税制改正　2資産課税」を基に作成）

【加算対象期間】

相続開始日	加算対象期間
令和６年１月１日～令和８年12月31日	相続開始前３年以内
令和９年１月１日～令和12年12月31日	令和６年１月１日～相続開始日
令和13年１月１日～	相続開始前７年以内

令和10年１月１日に相続が開始した場合には、令和６年１月１日以降に受けた贈与が加算対象となります。

Chapter 2

34 相続財産から控除できる債務・葬式費用とは

相続税は相続財産から債務・葬式費用を控除して計算します。これを**債務控除**といいます。

被相続人の**債務**については、原則として相続発生の際に現存するものは、すべて控除の対象になります。相続財産から債務を控除できるのは、原則として相続人です。しかし、その者が相続人でない場合であっても、**包括受遺者**であれば適用があります。

包括受遺者とは、遺言により遺産の全部又は何分のいくつというように、遺産の全体に対する割合で財産を与えられた人です。ただし、相続人や包括受遺者であっても、相続を放棄した者及び相続権を失った者については、葬式費用を控除することができますが、債務を控除することが認められていません。

また、墓所等の相続税が課税されない財産を取得、維持又は管理するために生じた債務は、控除の対象となりません。

葬式費用については、相続発生時に必然的に生じる費用であることから、債務と同様に控除が認められます。

葬式費用の範囲は、次のとおりです。

①葬式もしくは葬送に際し、又はこれらの前において、埋葬、火葬、納骨又は遺がいもしくは遺骨の回送その他に要した費用の額（仮葬式と本葬式とを行うものにあっては、その両方の費用）

②葬式に際し、施与した金品で、被相続人の職業、財産その他の事情に照らして相当程度と認められるものに要した費用

③葬式の前後に生じた出費で通常葬式に伴うものと認められるもの

④死体の捜索又は死体もしくは遺骨の運搬に要した費用

なお、次に掲げる費用は、葬式費用とは認められません。

納税義務者の種類によって債務控除の範囲は異なる

	居住無制限納税義務者・非居住無制限納税義務者*	居住制限納税義務者・非居住制限納税義務者*
債務	居住無制限納税義務者・非居住無制限納税義務者の負担に属するすべての債務	居住制限納税義務者・非居住制限納税義務者の負担に属する以下の債務 ①国内にある財産にかかる租税公課 ②国内にある財産を目的とする留置権、特別の先取特権、質権又は抵当権で担保される債務 ③国内にある財産の取得、維持又は管理のために生じた債務 ④国内にある財産に関する贈与の義務 ⑤被相続人が死亡の際に国内に営業所又は事業所を所有していた場合には、その営業所又は事業所にかかる営業上又は事業上の債務
葬式費用	居住無制限納税義務者・非居住無制限納税義務者の負担に属するすべての葬式費用	葬式費用の控除はできない

＊居住無制限納税義務者・非居住無制限納税義務者・居住制限納税義務者・非居住制限納税義務者の意義は、No.24参照。

居住無制限納税義務者・非居住無制限納税義務者が国内・国外を問わずすべての財産が課税対象とされていることに対して、居住制限納税義務者・非居住制限納税義務者は国内にある財産のみが課税対象とされている。これに対応して、債務控除については、居住無制限納税義務者・非居住無制限納税義務者は特に制限なくその控除が認められ、居住制限納税義務者・非居住制限納税義務者は、国内にある財産にかかる債務等に控除の対象とされる債務が限定されている。

①香典返戻費用

②墓碑及び墓地の買入費ならびに墓地の借入料

③法会に要する費用

④医学上又は裁判上の特別の処置に要した費用

債務控除の対象となる債務と葬式費用の範囲は、納税義務者（相続人）の相続開始時における住所等により異なります。具体的には、上図のとおりとなります。

Chapter 2

35 遺産にかかる基礎控除額は、どのように計算するのか

相続税は、一定の金額以上の財産がある人にしか課税されません。実際に相続が発生した場合に、相続税が課税されるのは全相続発生件数のうち９%前後といわれています。この一定の金額というのが、**遺産にかかる基礎控除額**です。

遺産にかかる基礎控除額は、**3000万円＋600万円×法定相続人の数**で計算されます。つまり基礎控除額は、**法定相続人の数**により決まります。

法定相続人とは、民法で定められた相続人のことです。しかし、民法と相続税法の計算上とでは、法定相続人の数は異なります。

相続税の遺産にかかる基礎控除額の計算上、法定相続人の数に算入する養子の数については、次に示す人数までに制限されています。

①被相続人に実子がある場合、又は実子がなく養子の数が１人である場合……１人

②被相続人に実子がなく、養子の数が２人以上である場合……２人

法定相続人の数に含める養子の数を制限しているのは、養子縁組により相続人の数を増やして相続税の課税を回避しようとするのを防ぐためです。ただし、特別養子縁組により養子となっている場合、配偶者の実子を養子とした場合、実子又は養子の死亡により代襲相続があった場合等、一定の場合には、この法定相続人の数に含める養子の数の制限を受けません。

また、相続の放棄があった場合には、その放棄がなかったものとして法定相続人の数を数えます。

この法定相続人の数は、相続税の遺産にかかる基礎控除額の計算以外にも、生命保険金の非課税限度額の計算、死亡退職金の非課税限度額の計算、相続税の総額の計算にも使用します。

遺産にかかる基礎控除額の計算

遺産にかかる基礎控除額

3000万円 ＋600万円 × 法定相続人の数

法定相続人の数

原則	相続の放棄があった場合には、その放棄がなかったものとした場合における相続人の数		
養子がある場合の法定相続人の数に算入する養子の数の制限	実子の有無	養子の数	法定相続人の数に算入する養子の数
	無	1人	1人
		2人以上	2人
	有	1人	1人
		2人以上	2人

Chapter 2

36 相続税の総額は、どのように計算するのか

まず、**課税価格**から**遺産にかかる基礎控除額**を控除して、**課税遺産総額**を計算します。

次に、この課税遺産総額を法定相続人が法定相続分で分割したものと仮定して、各法定相続人の**法定相続分に応ずる各人の取得金額**を算出します。この段階では、実際に財産をどのように分割したかは関係ありません。

そして、分割後の法定相続分に応ずる各人の取得金額に、右表の税率を乗じて**各法定相続人の相続税の総額の基となる税額**を計算します。ここでいう法定相続人は、遺産にかかる基礎控除額の計算に用いた法定相続人の数に応じた相続人です。前項で説明したように、法定相続人の数に含める養子の数に制限があることに注意します。

このようにして算出した各法定相続人の相続税の総額の基となる税額を合計したものが、**相続税の総額**です。

たとえば、課税価格が３億円で、配偶者と長男と長女の合計３人の法定相続人がいたとします。この場合の計算は、次のようになります。

遺産にかかる基礎控除額	3000万円＋600万円×３人＝4800万円
課税遺産総額	３億円－4800万円＝２億5200万円
各法定相続人の相続税の総額の基となる税額	
配偶者	２億5200万円×1/2＝１億2600万円
	１億2600万円×40％－1700万円＝3340万円
長男及び長女	２億5200万円×1/2×1/2＝6300万円
	6300万円×30％－700万円＝1190万円
相続税の総額	3340万円＋1190万円＋1190万円＝5720万円

法定相続分を計算の基礎とすることにより、納税者が恣意的に遺産を分割

相続税の総額の計算

相続税の速算表

法定相続分に応じた各人の取得金額	税率	控除額
1000万円以下	10%	—
1000万円超　3000万円以下	15%	50万円
3000万円超　5000万円以下	20%	200万円
5000万円超　1億円以下	30%	700万円
1億円超　2億円以下	40%	1700万円
2億円超　3億円以下	45%	2700万円
3億円超　6億円以下	50%	4200万円
6億円超	55%	7200万円

相続税の速算表の使い方

各法定相続人の相続税の総額の基となる税額
＝法定相続分に応ずる各人の取得金額 × 税率 − 控除額

その法定相続人について、「法定相続分に応ずる各人の取得金額」が当てはまる欄を見つける

たとえば、6000万円なら、5000万円超1億円以下の欄が該当し、税率は30%、控除額は700万円となる

相続税の総額

相続税の総額は、上記の計算方法により計算した各法定相続人の相続税の総額の基となる税額を合計して計算する

することで税負担が異ならないよう配慮されています。

相続税の税率は超過累進税率です。超過累進税率とは、課税財産が多いほど税率が高くなるというしくみです。分割後の金額に超過累進税率を適用するため、同じ金額の相続財産（総額）がある場合でも、法定相続人の数が多いほど分割後の金額が少なくなり、低い税率が適用され、相続税の総額は少なくなります。

Chapter 2

37 各人の算出税額と納付税額は、どのように計算するのか

相続税の総額は、相続財産を法定相続人が法定相続分で分割して相続したものと仮定して計算します。この相続税の総額を基礎として、**各人の算出税額**及び**納付税額**を計算します。

実際の相続では、法定相続分によらず、遺言書により相続分を指定することもあれば、相続人以外の者に財産を遺贈することもあります。また、相続人全員により協議し、法定相続分によらずに遺産分割することもあります。

相続税は、実際に相続又は遺贈により財産を取得した者が負担します。相続税の総額に、それぞれの相続人や受遺者が実際に取得した相続財産の割合を乗じて、各人の算出税額を計算します。ここでの割合とは、各相続人又は受遺者が取得した課税価格の、すべての相続人及び受遺者が取得した課税価格の合計額のうちに占める割合です。この各人の算出税額を、それぞれの相続人や受遺者が実際に負担することになります。

ただし、各人の算出税額が、そのまま納付税額になるわけではありません。相続人や受遺者には、いろいろな事情があります。

相続人や受遺者の特性に応じて、税額が加算される**相続税額の２割加算**や、税額が軽減される６つの税額控除（①**暦年課税分の贈与税額控除**、②**配偶者の税額軽減**、③**未成年者控除**、④**障害者控除**、⑤**相次相続控除**、⑥**外国税額控除**）が設けられています。これらを各人の算出税額に加算・減算して**差引税額**を計算します。差引税額がマイナスとなる場合にはマイナスを切捨てゼロとします。この６つの税額控除では相続税の還付は生じません。

最後に差引税額から**相続時精算課税分の贈与税額控除**を控除して**納付税額**を計算します。納付税額がマイナスとなる場合には、相続時精算課税分の贈与税は相続税の前払いと考えられるため相続税の還付を受けることができます。

納付税額の計算

各人の算出税額の計算

$$\text{各人の算出税額} = \text{相続税の総額} \times \frac{\text{各人の課税価格}}{\text{課税価格の合計額}}$$

納付税額の計算

各人の算出税額

＋	各人の算出税額
－	暦年課税分の贈与税額控除
－	配偶者の税額軽減
－	未成年者控除
－	障害者控除
－	相次相続控除
－	外国税額控除
＝	差引税額（マイナスのときは0）
－	相続時精算課税分の贈与税額控除
＝	納付税額（マイナスのときは還付）

Chapter 2

38 相続税額の２割加算とは

相続又は遺贈により財産を取得した者が、被相続人の子や親といった一親等の血族及び配偶者以外の者である場合には、各人の算出税額にその算出税額の２割を加算した金額が納付税額とされます。つまり、相続税額が1.2倍になります。これを**相続税額の２割加算**といいます。

原則として、孫が遺贈により財産を取得した場合には、相続税額の２割加算の対象となります。しかし、被相続人の子には、代襲相続人が含まれることとなっています。代襲相続人とは、相続開始前に相続人が亡くなっている場合に、その相続人に子がある場合のその子のことをいいます。被相続人から見たら孫にあたります。つまり、子がすでに死亡しており、孫が代襲相続人になる場合には、孫は相続税額の２割加算の対象にならないということです。

養子についても一親等の血族であるため、原則として相続税額の２割加算の対象になりませんが、被相続人の直系卑属を養子としている場合、いわゆる孫養子の場合には相続税額の２割加算の対象とされます。

以前は孫養子であっても相続税額の２割加算の対象とされませんでしたので、相続税対策として孫の養子縁組をしていたケースが多くあり、問題とされていました。なぜなら、被相続人の子を１世代越えて、孫に直接財産を移すことにより、相続税の課税を１回免れることになるからです。しかし、現在は前述のように、孫養子は相続税額の２割加算の対象とされ、節税手法としてのメリットは薄くなりました。

養子縁組をする場合には、相続税額の２割加算、遺産にかかる基礎控除の計算、死亡保険金・死亡退職金の非課税限度額、各法定相続人の相続税額の計算上の適用税率といった相続税の節税の問題だけではなく、遺産分割そのものの観点からも十分に検討する必要があります。本来、財産を継がせた

相続税額の２割加算の対象者は

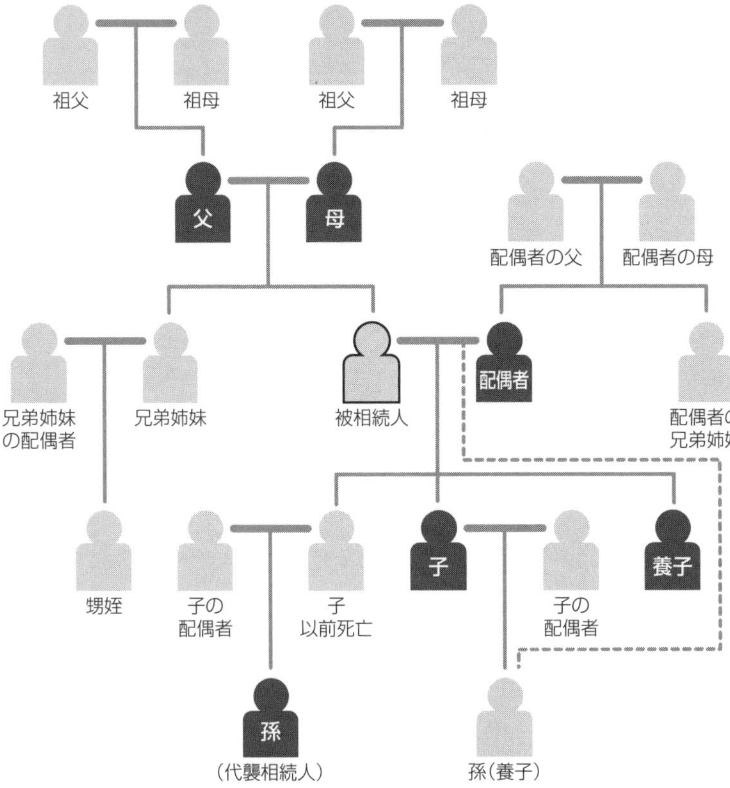

文字が白抜きとなっている相続人以外の者が、相続又は遺贈により財産を取得した場合には、相続税額の2割加算の対象となる

かった配偶者や実子が先に死亡して、予定外に多額の財産を養子が相続する結果になり、問題となるケースも起こりえます。

Chapter 2

39 税額控除の制度にはどのようなものがあるか（1）

相続人や受遺者の特性に応じて税金が軽減される、**税額控除**という制度が設けられています。相続税の税額控除には、次の６つがあります。

①暦年課税分の贈与税額控除　②配偶者の税額軽減　③未成年者控除

④障害者控除　⑤相次相続控除　⑥外国税額控除

この税額控除は、該当するものが２つ以上ある場合には、この①～⑥の順序で適用されます。税額がゼロになればそこで打ち切りです。

①暦年課税分の贈与税額控除……相続又は遺贈により財産を取得した者が、相続開始前３年以内*に被相続人から生前贈与を受けた財産は、相続財産に加算して相続税の計算を行います。しかし、生前贈与された贈与財産については、すでに贈与税の課税がされています。相続税と過去に納付した贈与税との二重課税を排除するために、暦年課税分の贈与税額控除が認められています。

②配偶者の税額軽減……被相続人の配偶者については、老後の生活を保障しなければなりませんし、被相続人が財産を築きあげたとしても、それは少なからず配偶者の貢献があったからにほかなりません。また、被相続人とその配偶者は同一世代であり、同一世代間での財産の移転なので、次の相続までの期間が短いと想定されます。

これらの事情を考慮して、被相続人の配偶者の税額計算については、税額軽減が受けられます。配偶者の相続分が法定相続分か１億6000万円のいずれか多い金額に達するまでは、配偶者には相続税がかかりません。

$$\text{軽減額}=\text{相続税の総額}\times\frac{\text{（A又はBの金額のうち少ない金額）}}{\text{相続税の課税価格の合計額}}$$

暦年課税分の贈与税額控除と配偶者の税額軽減

暦年課税分の贈与税額控除　1税法2税目

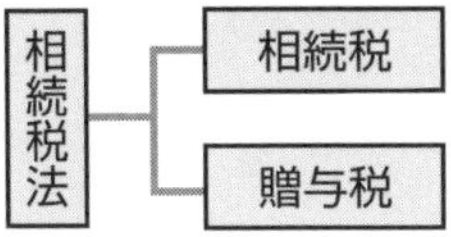

相続税法は、相続税と贈与税の2つの税目からできている。（贈与税は相続税を補完するための税金であるため）

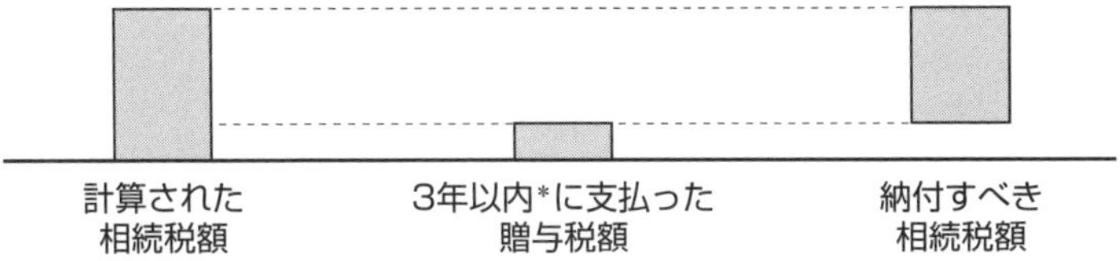

配偶者の税額軽減　配偶者の税額軽減は、他の法定相続人に注意！

配偶者の税額軽減は、配偶者の課税価格が、「法定相続分」か「1億6000万円」のいずれか多い金額に達するまでは相続税がかからない制度のこと。したがって、配偶者以外の法定相続人が誰かにより、控除額が変わることになる

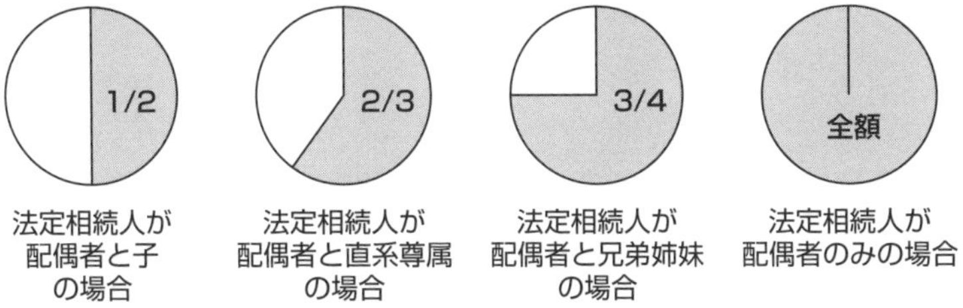

A：相続税の課税価格の合計額×配偶者の法定相続分

（Aの金額が1億6000万円に満たない場合は1億6000万円）

B：配偶者の相続税の課税価格

＊［令和5年度税制改正項目］令和6年1月1日以後の贈与については、相続開始前7年以内（No.33参照）

40 税額控除の制度には どのようなものがあるか（2）

③未成年者控除……相続又は遺贈により財産を取得した者が未成年者である場合は、未成年者の養育費の負担等を考慮して、未成年者控除が認められます。

控除額＝（18歳*－相続開始時の年齢）×10万円

④障害者控除……相続又は遺贈により財産を取得した者が障害者である場合は、障害者の福祉の増進等を考慮して、障害者控除が認められます。

控除額＝（85歳－相続開始時の年齢）×10万円（特別障害者は20万円）

⑤相次相続控除……相続が続けて短期間に発生した場合には、同じ財産について短期間に繰り返し相続税の負担を強いられることになります。これでは納税者にとって相続税の負担が過大です。この相続税の負担を調整するため、相次相続控除という制度があります。

相次相続控除とは、被相続人が相続が発生した日からさかのぼって10年以内に相続により財産を取得したことがある場合には、右の図の計算式で計算した金額を、相続人の算出税額から控除することができる制度です。先に起こった相続を第一次相続、後に起こった相続を第二次相続といいます。

第一次相続において課税された相続税額のうち、第二次相続にかかる相続人が相続した財産に対応する部分の金額を、1年につき10%の割合で逓減した金額を算出税額から控除することになります。

⑥外国税額控除……相続又は遺贈により日本国外にある財産を取得した場合、その財産の所在する国で日本の相続税に相当する税金が課される場合があります。この場合には、国際間の二重課税を排除するために、日本国外で

相次相続控除の計算式

相次相続控除額

$$= A \times \frac{C}{(B - A)} \times \frac{D}{C} \times \frac{(10 - E)}{10}$$

※ $\frac{C}{(B-A)}$ が $\frac{100}{100}$ を超えるときは、$\frac{100}{100}$ とする

A：第二次相続の被相続人が、第一次相続により取得した財産につき課された相続税額

B：第二次相続の被相続人が、第一次相続により取得した財産の価額

C：第二次相続により相続人・受遺者の全員が取得した財産の価額の合計額

D：控除対象者であるその相続人が、第二次相続で取得した財産の価額

E：第一次相続から第二次相続までの年数（1年未満の端数切捨て）

支払った税金を差し引くという外国税額控除が認められています。

＊令和4年3月31日以前の相続又は遺贈については「20歳」となります。

Chapter 2

41 相続税の申告書はどのようになっているか

相続税の申告書は、15表からなります。このうち、**第3表財産を取得した人のうちに農業相続人がいる場合の各人の算出税額の計算書、第12表農地等についての納税猶予の適用を受ける特例農地等の明細書**は、農地に関する特例の計算書で、一般的には使用されません。

第1表相続税の申告書では、各人の納付税額の計算をします。第2表以下で計算された数値がすべて集約した表になります。

第2表相続税の総額の計算書では、法定相続人が法定相続分で相続したと仮定して相続税の総額を計算します。各種の税額控除は、**第5表配偶者の税額軽減額の計算書、第6表未成年者控除額・障害者控除額の計算書、第7表相次相続控除額の計算書**等で計算します。

相続開始前3年以内に贈与があった場合に相続財産に加算する贈与財産は、**第14表純資産価額に加算される暦年課税分の贈与財産価額及び特定贈与財産価額・出資持分の定めのない法人などに遺贈した財産・特定の公益法人などに寄附した相続財産・特定公益信託のために支出した相続財産の明細書**に記載し、すでに支払った贈与税額で控除の対象となる金額は、**第4表の2暦年課税分の贈与税額控除額の計算書**に記載します。

みなし相続財産とされる死亡保険金・死亡退職金については、**第9表生命保険金などの明細書、第10表退職手当金などの明細書**に記載し、そのうち非課税金額についても計算されます。

相続財産、非課税金額を控除したみなし相続財産については、**第11表相続税がかかる財産の明細書**に記載します。相続財産から控除できる債務及び葬式費用については、**第13表債務及び葬式費用の明細書**に記載します。これらを種類別に集計したのが、**第15表相続財産の種類別価額表**です。

相続税の申告書の主な構成

第1表	相続税の申告書
第2表	相続税の総額の計算書
第3表	財産を取得した人のうちに農業相続人がいる場合の各人の算出税額の計算書
第4表の2	暦年課税分の贈与税額控除額の計算書
第5表	配偶者の税額軽減額の計算書
第6表	未成年者控除額・障害者控除額の計算書
第7表	相次相続控除額の計算書
第8表	外国税額控除額・農地等納税猶予税額の計算書
第8の2表	株式等納税猶予税額の計算書（一般措置用）
第8の2表の付表1	非上場株式等についての納税猶予及び免除の適用を受ける対象非上場株式等の明細書
第9表	生命保険金などの明細書
第10表	退職手当金などの明細書
第11表	相続税がかかる財産の明細書（相続時精算課税適用財産を除く）
第11の2表	相続時精算課税適用財産の明細書・相続時精算課税分の贈与税額控除額の計算書
第11・11の2表の付表1	小規模宅地等についての課税価格の計算明細書
第11・11の2表の付表2	小規模宅地等の特例、特定計画山林の特例又は個人の事業用資産の納税猶予の適用にあたっての同意及び特定計画山林についての課税価格の計算明細書
第12表	農地等についての納税猶予の適用を受ける特例農地等の明細書
第13表	債務及び葬式費用の明細書
第14表	純資産価額に加算される暦年課税分の贈与財産価額及び特定贈与財産価額・出資持分の定めのない法人などに遺贈した財産・特定の公益法人などに寄附した相続財産・特定公益信託のために支出した相続財産の明細書
第15表	相続財産の種類別価額表

第11・11の2表の付表1小規模宅地等についての課税価格の計算明細書、第11・11の2表の付表2小規模宅地等の特例、特定計画山林の特例又は個人の事業用資産の納税猶予の適用にあたっての同意及び特定計画山林についての課税価格の計算明細書では、減額の特例の計算を行います。

Chapter 2

42 相続税の申告書は、いつまでにどこに提出するのか

相続税の申告書は、原則として、被相続人から相続や遺贈により財産を取得した人が、共同して作成して提出します。いろいろな事情があり、共同して作成して提出できない場合には、別々に申告することになります。

相続税の申告書の提出期限は、**相続の開始があったことを知った日の翌日から起算して10か月以内**です。たとえば、相続開始の日が令和5年2月13日のときは令和5年12月13日、また、令和5年9月30日のときは令和6年7月31日が提出期限となります。提出期限が土曜日・日曜日・祝日等の休日にあたるときは、その翌日が相続税の申告書の提出期限となります。

相続税の申告書の提出先は、**被相続人の死亡時における住所地の所轄税務署**です。相続人の住所地の所轄税務署ではありません。死亡時における被相続人の住所は、住民票の除票等で確認できます。

ところで、正当な理由がなく、相続税の申告期限までに申告しないとどうなるのでしょうか。この場合には、**無申告加算税**として納めるべき相続税額に対して15%、50万円を超える部分については20%*の税額が追徴されます。

また、税額を少なく申告した場合には、一定の場合を除き**過少申告加算税**として新たに納めるべき税金に対して10%、新たに納める税金が当初の申告税額と50万円とのいずれか多い金額を超える場合は、その超える部分については15%の税額が追徴されます。

さらに、相続財産を隠したり偽ったりして、故意に税額を少なく申告したり申告をしなかった場合には、**重加算税**として、過少申告の場合には新たに納めるべき税金に対して35%の税額、無申告の場合には新たに納めるべき税金に対して40%の税額が追徴されます。

相続税の申告期限等

申告期限	相続の開始があったことを知った日の翌日から起算して10か月以内
提出先（納税地）	被相続人の死亡時における住所地の所轄税務署

（参考）期間の数え方

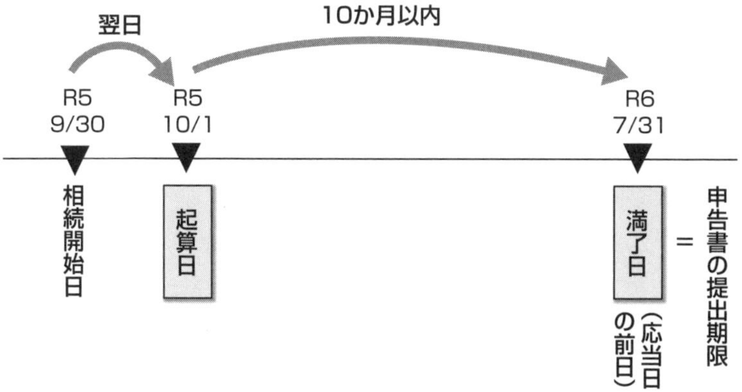

相続税の納付場所・納期限

納付場所	金融機関、郵便局、所轄税務署
納期限	期限内申告書の提出期限までに納付しなければならない。つまり、相続の開始があったことを知った日の翌日から10か月以内に申告・納付を行う

＊［令和5年度税制改正項目］令和6年1月1日以後に法定申告期限が到来するものについては、300万円を超える部分（納税者の責めに帰すべき事由がないと認められる事実に基づく税額を除く）について30%の税額が追徴されます。

Chapter 2

43 相続税はいつまでにどこに納めるのか

税金を納付する場所は、金融機関、郵便局及び所轄税務署です。納付書に住所、氏名、税額、申告書を提出した税務署名等を記入して納付します。

相続税は、原則として、相続税の申告書の提出期限までに金銭で納付することになっています。なお、期限後申告にかかる相続税は期限後申告書の提出日、修正申告にかかる相続税は修正申告書の提出日、更正・決定にかかる相続税は更正・決定通知書が発せられた日から1か月後の日となります。これらを**法定納期限**といいます。

したがって、相続が開始した場合には、10か月後には納税資金を用意しなければなりませんので、相続手続のスケジュールをもとに、資金計画を立てなければなりません。

諸般の事情から資金繰りがつかず、法定納期限に間に合わずに納税が遅れた場合には、**延滞税**を納付する必要があります。延滞税は、法定納期限の翌日から2か月以内に納めた場合には、「年7.3%」と「延滞税特例基準割合＋1%[*1]」のいずれか低い割合、2か月を越えた場合には「年14.6%」と「延滞税特例基準割合＋7.3%[*2]」のいずれか低い割合で計算されます。原則として、延滞税は納税者自身で計算し納付することになっていますが、実際には、納税者は本税のみを納付し、後日、所轄税務署から延滞税の納付書が送付されて、納付するようになっています。

相続税は、法定納期限までに金銭で一括納付するのが原則です。しかし、法定納期限までに金銭で一括納付することが困難な事由がある場合において、一定の要件を満たしているときは、次のNo. 44、No. 45で説明するように、延納や物納が認められています。

附帯税

附帯税	事由	税率	
		右記以外の場合	隠ぺい・仮装による場合
過少申告加算税	申告税額が過少であった場合	①修正申告又は更正による増差税額の10% ②増差税額が期限内申告税額相当額又は50万円のいずれか多い金額を超える場合には、その超える部分については15% ※修正申告が自主申告の場合は課税されない ※過少申告したことにつき正当な理由があると認められる部分は課税されない	(左記に代え、重加算税として) 修正申告又は更正による増差税額の35%
無申告加算税	法定申告期限までに申告をしなかった場合	①期限後申告、修正申告、決定、更正により納付すべき税額の15% ②納付すべき税額が50万円を超える場合は、その超える部分については20%(注) ※期限後申告等が自主申告の場合は課税されない ※無申告であったことにつき正当な理由があると認められる場合を除く	(左記に代え、重加算税として) 期限後申告等により納付すべき税額の40%
不納付加算税	源泉所得税を法定納期限までに完納しなかった場合	期限後に納付する源泉所得税の10% ※自主納付の場合は5% ※不納付であったことにつき正当な理由がある場合を除く	(左記に代え、重加算税として) 期限後に納付する源泉所得税額の35%
延滞税	納期限までに、国税を納付しない場合	①納期限の翌日から2か月を経過する日までの期間は、以下のいずれか低い割合 (a) 年7.3% (b) 延滞税特例基準割合+1%[*1] ②上記を経過した後の期間は、以下のいずれか低い割合 (a) 年14.6% (b) 延滞税特例基準割合+7.3%[*2]	—
利子税	延納又は納税申告書の提出期限の延長を受けた場合	各税目ごとに期間や税率は異なる	—

(注) 令和6年1月1日以後に法定申告期限が到来するものについては改正あり(No.42参照)。

＊1 令和5年中の割合は2.4%
＊2 令和5年中の割合は8.7%

Chapter 2

44 相続税の延納のしくみは

相続税の納税は、申告期限までに金銭で一括納付することが原則とされています。しかし、納税資金の面から一括納付を困難とするケースも想定されるため、延納の制度が認められています。

延納は、申告書の提出又は更正もしくは決定により、納付すべき税額が10万円を超え、かつ、納税義務者が納期限までに金銭で納付することが困難な場合に、その金銭で納付を困難とする金額を限度として税務署長の許可を受けることによって認められます。

延納期間は、一般の場合５年以内ですが、課税相続財産のうち不動産等の価額の占める割合が50%以上75%未満である場合には、不動産の価額に対応する相続税額については15年以内とし、その他の部分の相続税額については10年以内となります。また、課税相続財産のうち不動産等の価額の占める割合が75%以上である場合には、不動産の価額に対応する相続税額については20年以内とし、その他の部分の相続税額については10年以内となります。

ただし、延納税額が150万円未満（不動産等の割合が75%以上の場合は200万円未満）の場合には、延納期間は延納税額を10万円で除して得た数（1未満の端数は切上げ）に相当する年数を超えることができません。この延納税額を延納期間（年数）で除した金額を、延納年割額といいます。

延納の許可を受けるためには、延納税額に相当する担保を提供しなければなりませんが、延納税額が100万円以下で、かつ、その延納期間が３年以下である場合には担保提供の必要はありません。また、延納の適用を受けるためには、納税地の所轄税務署長に、納期限までに申請書を提出することが必要です。

延納制度のあらまし

<table>
<tr><td rowspan="3">延納の要件</td><td colspan="2">納付すべき金額が１０万円を超えること</td></tr>
<tr><td colspan="2">納期限まで、又は納付すべき日に金銭で納付することが困難な事由があること</td></tr>
<tr><td colspan="2">納期限まで、又は納付すべき日に一定の事項を記載した申請書に担保の提供に関する書類を添付し、納税地の所轄税務署長に提出すること</td></tr>
<tr><td rowspan="6">延納期間</td><td>一般の場合</td><td>５年以内</td></tr>
<tr><td rowspan="2">不動産等の割合が
50%以上
75%未満</td><td>不動産等の価額に対応する相続税額１５年以内</td></tr>
<tr><td>その他の部分の相続税額
１０年以内</td></tr>
<tr><td rowspan="2">不動産等の割合が
75%以上</td><td>不動産等の価額に対応する相続税額２０年以内</td></tr>
<tr><td>その他の部分の相続税額
１０年以内</td></tr>
<tr><td colspan="2">上記、５年、１５年、２０年は、延納税額を１０万円で除して得た数（１未満の端数は切上げ）に相当する年数を超えることができない</td></tr>
<tr><td>延納年割額</td><td colspan="2">延納税額 ÷ 延納期間に相当する年数</td></tr>
<tr><td>利子税</td><td colspan="2">延納税額を基として、利子税を納める必要がある</td></tr>
</table>

Chapter 2

45 相続税の物納のしくみは

相続税の納税は金銭による一括納付が原則ですが、資金の面から金銭による納付が困難な場合には、物納が認められています。

物納は、申告書の提出又は更正もしくは決定により、納付すべき税額を延納によっても金銭で納付することが困難な場合に、その金銭による納付が困難な金額を限度として税務署長の許可を受けることによって認められます。

物納申請ができる財産は、納付すべき相続税額の課税価格計算の基礎となった相続財産のうち、次に掲げる財産及び順位（①～⑤の順）で、その所在が日本国内にあるものです。

[第１順位]

①不動産、船舶、国債証券、地方債証券、上場株式等（特別の法律により法人の発行する債券及び出資証券を含み、短期社債等を除く）

②不動産及び上場株式のうち物納劣後財産*に該当するもの

[第２順位]

③非上場株式等（特別の法律により法人の発行する債券及び出資証券を含み、短期社債等を除く）

④非上場株式等のうち物納劣後財産*に該当するもの

[第３順位] ⑤動産

物納財産の収納価額は、課税価格の計算の基礎となったその財産の価額によることとされています。ただし、収納時までにその財産の状況に著しい変化が生じたときは、収納時の価額によることとなります。たとえば、農地を物納申請していたが、その後、宅地造成を行って、収納時には宅地になっていたようなケースなどが該当します。

また、物納の許可を受けた不動産のうち、賃借権等の権利の目的となって

物納制度のあらまし

物納の要件	延納によっても金銭で納付することが困難な事由があること	
	納期限まで、又は納付すべき日に一定の事項を記載した申請書を、納税地の所轄税務署長に提出すること	
物納申請ができる財産	納付すべき相続税額の課税価格計算の基礎となった相続財産のうち、次に掲げる財産及び順位（①～⑤の順）で、その所在が日本国内にあること	
物納財産の順位	第1順位	①不動産、船舶、国債証券、地方債証券、上場株式等（特別の法律により法人の発行する債券及び出資証券を含み、短期社債等を除く） ②不動産及び上場株式のうち物納劣後財産*に該当するもの
	第2順位	③非上場株式等（特別の法律により法人の発行する債券及び出資証券を含み、短期社債等を除く） ④非上場株式等のうち物納劣後財産*に該当するもの
	第3順位	⑤動産
収納価額	原則	課税価格の計算の基礎となったその財産の価額（相続税の申告書に記載した評価額）
	著しい変化がある場合	その財産の状況に著しい変化が生じたときは、収納時の現況による価額
利子税	納税者側の事情で、収納までに日数を要する場合には利子税の負担が生じる	

＊物納劣後財産とは、たとえば法令の規定により建物の建築をすることができない土地や、事業を休止している法人に係る株券等換金が難しい財産をいう（№46参照）。

いるものについては、許可後において金銭納付が可能となった場合には物納の撤回をすることができることとされています。

物納の許可を申請しようとする者は、相続税の納期限までに一定の事項を記載した申請書を、所轄税務署長に提出する必要があります。

＊物納劣後財産とは、法令の規定により建物の建築をすることができない土地や、事業を休止している法人に係る株券等、換金が難しい財産をいいます（№46参照）。

Chapter 2

46 物納財産の適格性とは

金銭による相続税の納付が困難な場合に物納が認められますが、相続財産であれば物納がすべて認められるというわけではなく、国が管理や処分をするのに不適当であると認められる管理処分不適格財産は、物納財産として収納されません。**管理処分不適格財産**とは、次のようなものをいいます。

不動産……①担保権の設定の登記がされているもの、②権利の帰属について争いがあるもの、③境界の明らかでない土地、④二以上の者の共有に属するもの（共有者全員が当該不動産について物納の許可を申請する場合を除く）、⑤耐用年数を経過している建物、⑥管理又は処分を行うために要する費用の額がその収納価額と比較して過大となると見込まれるもの　等

株　式……①譲渡に関し法令の規定により一定の手続きが定められている株式で、当該手続きがとられていないもの、②譲渡制限株式、③質権その他の担保権の目的となっているもの、④権利の帰属について争いのあるもの　等

上記以外……物納財産の性質が不動産又は株式に定める財産に準ずるものとして税務署長が認めるもの

また、管理処分不適格財産に該当しない場合でも**物納劣後財産**に該当する場合には、税務署長が特別の事情があると認める場合を除き、納税義務者が物納の許可の申請の際現に有するもののうち適当な価額のものがない場合に限り収納が認められます。物納劣後財産とは次のようなものをいいます。

①地上権等が設定されている土地、②法令の規定に違反して建築された建物及びその敷地、③法令の規定により建物の建築をすることができない土地、④事業の休止をしている法人に係る株式　等

物納財産の選択にあたっての留意点

物納財産は誰が選ぶか？	納税者に選択権があるが、国が定める要件を満たさない場合には物納が許可されないこともある。
自宅、駐車場、アパート、貸地等の複数の不動産がある場合の物納財産の選択は？	貸地等の利用の制限が大きく、収益力の低い不動産から物納するのが好ましい。
相続財産の中に不要な不動産と預貯金等がある場合	預貯金等を手元に残して、不要な土地を物納することが好ましい。 延納によっても、金銭納付が困難な場合に物納が認められるが、この金銭納付が困難かの判定は、各相続人ごとに判定する。 預貯金等を相続する者と不要な不動産を相続する者を分けることにより、不要な不動産を物納財産に充当することが可能になる場合もある。

したがって、納税資金が不足し物納の必要が想定される場合には、あらかじめ物納財産の適格性の要件を満たす準備が必要になります。

Chapter 2

47 配偶者居住権の設定と消滅の場合の相続税の取扱い

配偶者居住権と配偶者居住権に基づく敷地利用権は、遺産分割や遺言により設定され、配偶者の具体的相続分を構成することから、相続により取得した財産として相続税の課税対象になります。配偶者居住権の設定と配偶者の死亡により消滅した場合の相続税の取扱いは、次のとおりです。

(1) 配偶者居住権等と小規模宅地等の特例の適用

配偶者居住権自体は、建物に関する権利であることから、小規模宅地等の特例の適用を受けることはできません。

配偶者が配偶者居住権を取得した場合における配偶者居住権に基づく敷地利用権は、「土地の上に存する権利」に該当することから、特定居住用宅地等として小規模宅地等の特例の適用を受けることができます。居住建物の敷地の用に供される土地についても、その取得者が居住建物に被相続人と同居していた等の要件を満たすことにより、特定居住用宅地等として小規模宅地等の特例の適用を受けることができます。

(2) 配偶者居住権等と物納の適用

配偶者居住権自体は譲渡が禁止されていることから、管理処分不適格財産に該当し、物納に充てることができません。

配偶者居住権が設定された建物及びその敷地の用に供される土地は、他の財産に比べて物納の順位が後れる「物納劣後財産」とされ、他に物納に充てるべき適当な財産がない場合に限り、物納に充てることができます。

(3) 配偶者の死亡により配偶者居住権が消滅した場合の相続税

配偶者居住権を取得した配偶者が死亡した場合は、配偶者居住権は消滅し、居住建物の所有者はその居住建物について使用収益することが可能となります。これは配偶者の死亡に伴い、民法の規定により予定どおり配偶者居

配偶者居住権の設定と消滅の場合の相続税の取扱い

設定時の相続税の取扱い

相続税の課税対象	配偶者居住権と配偶者居住権に基づく敷地利用権は、相続により取得した財産として相続税の課税対象になる。
小規模宅地等の特例	・配偶者居住権は建物に関する権利なので、小規模宅地等の特例の適用を受けることはできない。 ・配偶者居住権に基づく敷地利用権は、特定居住用宅地等として小規模宅地等の特例の適用を受けることができる。 ・居住建物の敷地の用に供される土地についても、その取得者が要件を満たすことにより、特定居住用宅地等として小規模宅地等の特例の適用を受けることができる。
物納	・配偶者居住権は譲渡が禁止されていることから、物納に充てることができない。 ・配偶者居住権の目的となっている建物及びその敷地の用に供される土地は、他に物納に充てるべき適当な財産がない場合に限り、物納に充てることができる。

配偶者の死亡により配偶者居住権が消滅した場合の取扱い

配偶者の死亡により配偶者居住権が消滅した場合は、配偶者から居住建物及びその敷地の用に供される土地の所有者に相続により移転する財産はないことから、居住建物及びその敷地の用に供される土地の所有者に対し相続税は課税されない。

住権が消滅するものであり、配偶者から居住建物の所有者が相続により取得する財産がないことから、居住建物の所有者に対して相続税は課税されません。なお、居住建物の敷地の用に供される土地の所有者についても、上記と同様の取扱いがされます。

48 相続した土地を売る場合の税金は

相続税を支払うため、あるいは、相続後の生活資金のために、相続した土地・建物を売ることがあります。この場合に、相続税を支払ったうえに、さらに、その土地や建物の譲渡所得税を支払うということになると、納税者にとっては同じ財産に相続税と譲渡所得税が課税されることとなり、税負担が重くなります。

これを回避するために、**相続税額の取得費加算の特例**があります。この特例は、相続した土地や建物を、相続税の申告期限の翌日から３年以内に譲渡した場合には、支払った相続税額のうち、その譲渡した財産に対応する相続税額を、譲渡資産の取得費に加算することができます。

この計算上、対象となる財産には、

①相続時精算課税制度の適用を受けて相続財産に合算された贈与財産

②相続開始前３年以内に被相続人から贈与により取得した財産

が含まれます。

相続により土地や建物を取得した場合には、相続登記のための登録免許税と司法書士報酬を支払わなければなりません。これらの費用は、その土地や建物が事業用の場合には必要経費に算入し、家事用である場合には取得費に算入することになります。

相続税額の取得費加算のあらまし

要件	相続又は遺贈により財産を取得した個人であること その相続又は遺贈につき課された相続税額があること
	納期限まで、又は納付すべき日に一定の事項を記載した申請書を、納税地の所轄税務署長に提出すること
	その相続税額にかかる課税価格の計算の基礎に算入された財産を、その相続税の申告書の提出期限の翌日以後３年を経過する日までの間に譲渡していること
	確定申告書に相続税額の取得費加算の適用を受ける旨の記載があり、かつ、一定の書類の添付があること
加算額	資産を譲渡した者の確定相続税額 $\times \dfrac{\text{その者が相続等で取得した譲渡資産の課税価格}}{\text{その者の相続税の課税価格（債務控除前）}}$
特徴	個人が相続等で取得した財産を譲渡し、その者が譲渡した財産に対応する相続税額だけが取得費加算の対象となる

Chapter 2

49 相続した非上場株式をその発行会社に譲渡する場合の税金は

非上場会社では、金庫株の手法により納税資金を捻出することがあります。金庫株とは、株式の発行会社が、株主から自己株式を買い受ける手法をいいます。会社からみれば自己株式の買い受けですが、株主からみればその株式の譲渡です。株主は譲渡により譲渡代金を手に入れることができます。

しかし、金庫株の場合には、譲渡所得の計算が複雑になっています。非上場株式の譲渡の対価として会社から交付を受けた金銭の額が、会社の資本金等の額のうちその株式に対応する部分の金額を超える部分の金額については、配当所得（みなし配当課税）として計算します。会社の資本金等の額のうちその株式に対応する部分の金額と取得価額との差額を譲渡所得として計算します。配当所得は総合課税として計算され最高税率は55.945%になりますが、株式の譲渡所得は分離課税となっており、株式の譲渡益の20.315%で課税されます。株式の譲渡損失が発生したとしても、配当所得と通算できず、金庫株の取引を行ったとしても所得税が過大になってしまうことになります。

しかし、相続又は遺贈により非上場株式の取得をし相続税を支払った人については、みなし配当等の課税の特例制度があります。これを、「**相続財産に係る非上場株式をその発行会社に譲渡した場合のみなし配当等の課税の特例**」といいます。その相続の開始があった日の翌日からその相続税の申告書の提出期限の翌日以後３年を経過する日までの間に譲渡したものに限られます。

この特例を適用すれば、非上場株式の譲渡の対価としてこの株式の発行会社から交付を受けた金銭の額が、この株式の発行会社の資本金等の額のうちその交付の基因となった株式に対応する部分の金額を超えていても、その超える部分の金額については、みなし配当課税が行われません。この適用を受

金庫株として株式を発行会社に譲渡した場合

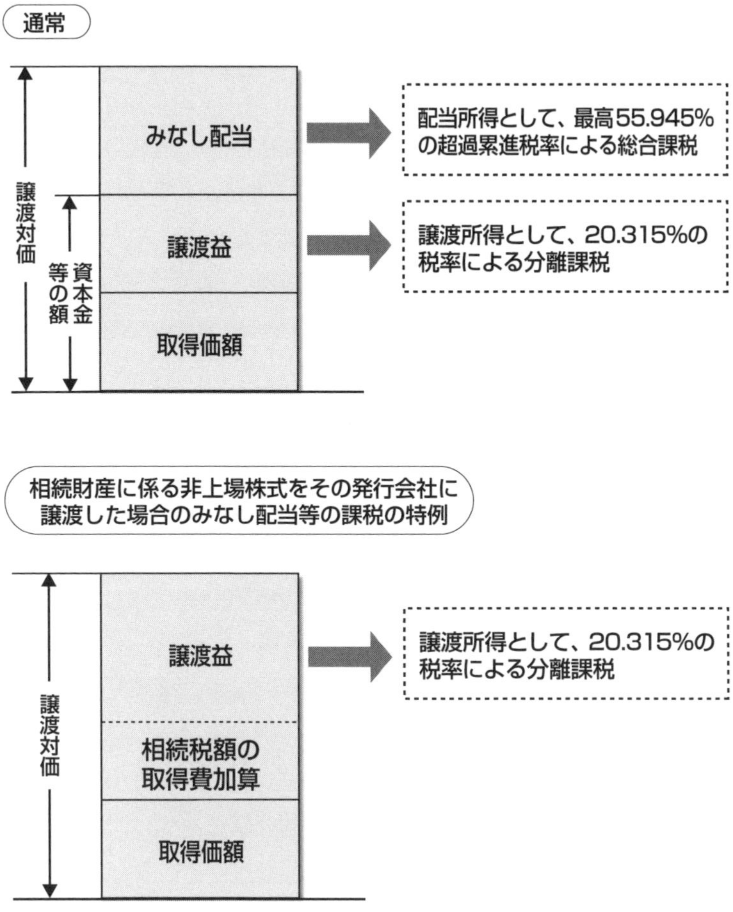

※相続税額の取得費加算についてはNo.48参照のこと

ける金額について、株式等に係る譲渡所得等に係る収入金額とみなして、株式等に係る譲渡所得等の課税の特例を適用することになります。

50 非上場株式等に係る相続税の納税猶予の特例措置とは

非上場会社については、先代経営者等の相続により、株式等の分散や相続税の負担等の問題が発生し、事業の継続に支障をきたす場合があります。事業の継続等の観点から計画的な事業承継を促すために、非上場株式等の相続・遺贈について、一定要件を満たせば、相続税の納税猶予を受けることができます。また、生前に後継者に贈与する場合にも贈与税の納税猶予を受けることができます（No.71参照）。

非上場株式等に係る相続税の納税猶予の特例措置とは、後継者が先代経営者等から令和9年12月31日までに相続又は遺贈により、その会社の非上場株式を取得した場合において、担保提供など一定の条件を満たすときは、取得した非上場株式に係る相続税の全額について後継者の死亡の日等まで納税が猶予される制度です。そして、その後継者の死亡等により、納税が猶予されている相続税の納付が免除されます。

非上場株式等に係る相続税の納税猶予の特例措置の適用を受けるためには、その株式を発行する会社が中小企業者（資本金又は常時従業員数が一定規模以下の会社をいう）に該当し、令和6年3月31日までの間に特例承継計画（No.51参照）を都道府県知事に提出して確認を受け、先代経営者の相続開始後8か月以内に都道府県知事の認定を受ける必要があります。また、納税猶予期間中にその納税が猶予されている株式を譲渡した場合や、会社が資産保有会社に該当した場合等には、納税猶予制度が取り消され、納税猶予税額の全部又は一部と利子税を合わせて納付する必要があるため、適用に当たっては要件を満たし続けることができるのか慎重に判断することが大切です。

納税猶予に関する要件は、次の4項目に区分することができます。

非上場株式に係る相続税の納税猶予の特例措置の概要
（後継者が先代経営者から株式の相続を受ける場合）

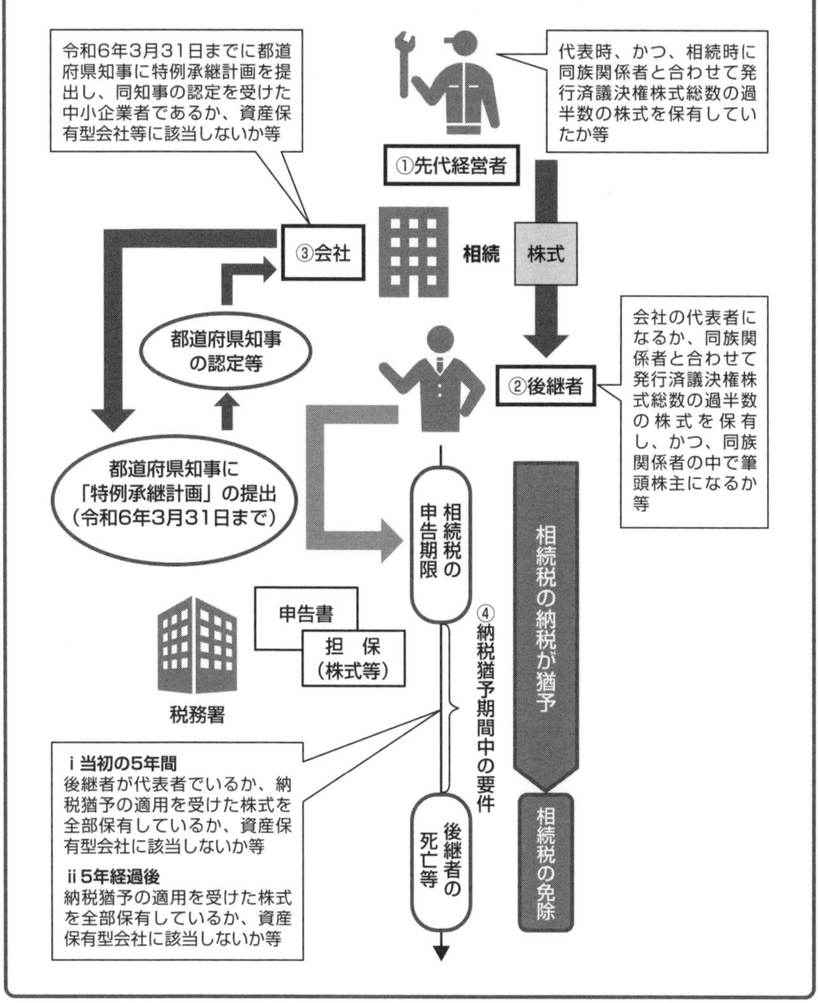

①先代経営者等に関する要件、②後継者に関する要件、③会社に関する要件、④納税猶予期間中に要求される要件。

Chapter 2

51 非上場株式等に係る相続税の納税猶予の特例措置における「特例承継計画」

その会社が特例措置の対象会社に該当するためには、特例円滑化法認定を受けることが要件とされ、特例措置の適用を受けるためには、会社において特例承継計画の作成とその記載事項に係る都道府県知事への確認申請が不可欠となります。

特例承継計画を作成した会社は、その計画に記載された事項について都道府県知事の確認を受けようとする場合は、令和６年３月31日までに所定の申請書に次の①～⑥の事項を記載のうえ、都道府県知事に提出する必要があります。

①その会社が中小企業者であること

②その会社に特例代表者（特例承継計画提出時にその会社の株式を保有し、かつ、その会社の代表者である者又は代表者であった者）がいること

③その会社に特例後継者*がいること

④特例代表者が有するその会社の株式を、特例後継者が取得するまでの期間における経営に関する具体的な計画を有していること

⑤特例後継者が特例代表者から株式等を承継した後５年間の経営に関する具体的な計画を有していること

⑥商工会議所、金融機関、税理士等のうち認定支援機関として認定された者の指導・助言の内容が申請書の「別紙」に記載されていること

＊特例後継者とは、次に掲げるいずれかの者（その者が２人又は３人以上ある場合は最大３人）をいいます。

イ．その会社の代表者（代表者であった者を含む）が死亡又は退任した場合における新たな代表者の候補者であって、その代表者から相続もしくは遺贈又は贈与により、その代表者が有するその会社の株式等を取得することが見込まれるもの

【様式第21】確認申請書（特例承継計画）

1　会社について

主たる事業内容	
資本金額又は出資の総額	円
常時使用する従業員の数	人

2　特例代表者について

特例代表者の氏名	
代表権の有無	□有 □無（退任日 年　月　日）

3　特例後継者について

特例後継者の氏名（1）	
特例後継者の氏名（2）	
特例後継者の氏名（3）	

4　特例代表者が有する株式等を特例後継者が取得するまでの期間における経営の計画について

株式を承継する時期（予定）	年　月　～ 年　月
当該時期までの経営上の課題	
当該課題への対応	

5　特例後継者が株式等を承継した後5年間の経営計画

実施時期	具体的な実施内容
1年目	
2年目	
3年目	
4年目	
5年目	

認定経営革新等支援機関による所見等

1　認定経営革新等支援機関の名称等

認定経営革新等支援機関の名称	印
（機関が法人の場合）代表者の氏名	
住所又は所在地	

2　指導・助言を行った年月日

年　月　日

3　認定経営革新等支援機関による指導・助言の内容

ロ．その会社の代表者であって、その中小企業者の他の代表者（代表者であった者を含む）から相続もしくは遺贈又は贈与により、その会社の株式を取得することが見込まれるもの

52 相続税の税務調査はどのように行われるか

税務署では、提出された相続税の申告内容を検討し、銀行・証券会社への照会を行い、実地調査するかどうかを判断します。

実地調査は、申告書を提出した翌年又は翌々年の９月～12月の間に行われることが多いです。相続税の実地調査は、100%行われるわけではありません。被相続人の過去の経歴・収入と比較し申告された財産が少ない場合、すでに税務署が把握している資料から財産があるにも係らず申告されていない場合、相続財産の金額が大きい場合等が調査の対象となります。

実地調査は、調査の１～２週間前に、税務職員から顧問税理士を通じて連絡が入ります。税務調査には、一般に、顧問税理士が立ち会います。調査場所のほとんどは、被相続人が生活していた家です。相続開始後に被相続人が生活していた家を売却してしまった場合には、配偶者、長男など、相続人を代表する者の家で行われます。

調査官は、普通２名ですが、大型案件の場合には、３名以上で行うこともあります。調査は、午前10時頃から始まり、夕方の５時頃までに終わります。１日かせいぜい２日で終わります。実地調査の目的は、事前調査での不明点、疑問点の確認・解明です。相続税の税務調査では、相続税の申告書に記載された被相続人の遺産以外の財産、すなわち申告漏れの財産、隠し財産を発見することが重要な目的になります。また所有に関してグレーゾーンにあるものを、誰のものとしてとらえるかの判断もします。

税理士との間でやりとりがあり、最後に、税務署側が当初から被相続人の財産であると認定しているものと、グレーゾーンの財産のうち被相続人の財産であると確信したものについて、修正申告を求められます。

相続税の税務調査

相続税の調査のポイント・意図

内容	ポイント	調査官の意図
本人の前歴 〃 職歴	収入、概況	本人の収入と財産をどのくらい残したか 退職金はどうか
相続人の職歴 〃 実家の状況 〃 家族の職歴	収入、財産（持参金） 〃 〃 ※名義預金、名義株	相続人（配偶者、子ども）の預金が本当に本人のものかどうか、収入の裏付けのある預金かどうか
本人の趣味	ゴルフ会員権 お金の使い方	本人の生活ぶり、派手か地味か ゴルフ会員権の有無
公職	社会的地位	退職金はどうか
亡くなったときの状況	病気、病院 医療費の支払い 死亡時前後の現金状況	死亡前のお金の使いかた 特に預金の引き出しの使い道
遺言書の有無	確認	隠し財産の有無
預金の管理	名義預金 お金の管理	誰がお金を管理しているか 名義預金の確認
手帳の有無	記録	隠し財産の有無
ノート（日記）	確認しておく	取引銀行・証券会社の把握
香典帳、電話帳	確認しておく	取引銀行・証券会社の把握
権利書、通帳の確認	書庫、金庫（現場確認）	重要書類の置き場所、申告されていない財産の資料を見つけたい
有価証券の所在	預り証、証券会社	同上
生活費	出入りは誰が管理しているのか 月の生活費	名義預金、財産の把握を誰がしているか
銀行の担当者		取引銀行から詳しい事情
貸金庫	現場確認	貸金庫は必ずチェックされる 貸金庫の利用料は通常、預金から引き落とされている

COLUMN

相続対策の三原則

相続対策の三原則は、遺産分割対策、納税資金対策、相続税節税対策です。

相続対策というと、すぐに相続税節税対策と考えてしまいがちですが、相続対策で一番重要なのは、遺産分割対策です。次に重要なのは、納税資金対策です。この2つの問題を解決した上で、相続税節税対策を行うべきです。さらに所得税や所有にかかる税金までも視野に入れた資産税対策でなければなりません。

遺産分割対策は、財産を相続人にどのように相続させるかという問題です。相続問題が争族問題にならないようにしておきます。財産の内容を把握して、それぞれの特性を理解し、財産を受け継ぐ相続人にとって管理・処分しやすいようにしておきます。その上で、売却や交換、買換えなどにより財産を組み替えて単独で相続できるようにしておくことも重要です。最後に、どの財産を誰に残すかということを遺言書で決めておきます。

納税資金対策は、相続税をどのようにして支払うかということにつきます。納税資金対策の原則は、金銭納付です。不動産を納税しやすいように組み替えたり、事前に処分して流動性の高い金融資産にしておくのもいいでしょう。

最後の相続税節税対策は、贈与や譲渡により財産を減少させる対策と財産の評価を下げる対策の2つの対策からなります。このうち財産の相続税評価額を引き下げる対策は、将来の法令通達等の改正により当初期待した効果がなくなってしまう可能性がありますので、実行に際しては慎重な検討が必要です。

第3章

贈与税のしくみ

Chapter 3

53 贈与に関する法律関係はどのようになっているか

贈与とは、民法上の契約に該当し、当事者の一方が自己の財産を無償で相手方に与える意思を表示し、相手方が受諾することによりその効力を生じます。つまり、一方が、「あげる」といい、他方が「もらう」といったときに成立します。

贈与は、お互いの意思表示のみで成立しますので、口頭だけでも成立しますが、口約束の贈与については、どちらからでも撤回することができます。しかし、すでに履行した部分については、撤回することができません。

また、夫婦間で契約をしたときは、その契約は、婚姻中であればいつでも、どちらからでもこれを取り消すことができます。しかし、これにより第三者の権利を害することはできないとされています。

たとえば、誕生日にダイヤモンドをあげる約束（＝贈与契約）をしていたとしても、婚姻中であれば、取り消すことができます。ただし、仮にダイヤモンドを夫が妻に贈与し、それを妻が第三者に売却してしまった場合には、その贈与を取り消したとしても、そのダイヤモンドを第三者から取り返すことはできません。第三者の権利を侵害するような場合は、第三者の権利が優先されます。

贈与契約が成立したかどうかが争点になった場合の証拠は、書面に限られるため、確定日付のある贈与契約書を作成しておいたほうがよいでしょう。税務上では、贈与後におけるその贈与財産の使用収益、管理等を実際に行っている者が誰かなどについても、チェックされることになります。

なお、「自分が死んだら息子にこの土地を贈与する」というように、死亡により効力が生ずる贈与（**死因贈与**）は、遺言書を書いて財産を贈る行為（**遺贈**）と基本的に同様の効果を持つことから、遺贈に関する規定が適用さ

贈与に関する法律関係

贈与契約とは
当事者の一方が「あげる」、他方が「もらう」という意思表示をして、合意をしたときに贈与契約が成立する。贈与契約書の作成は、贈与契約の成立の要件とはされない

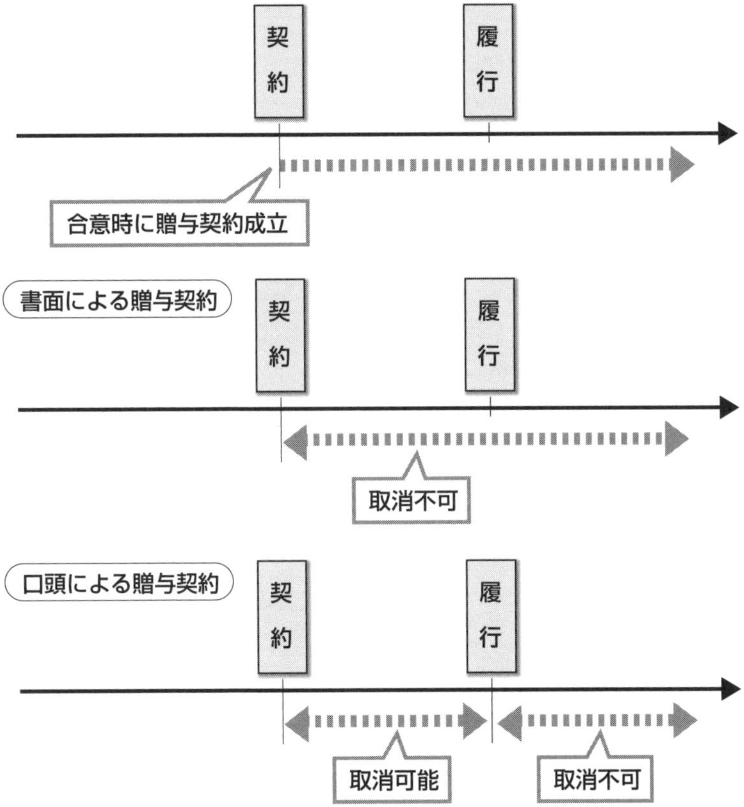

れます。遺贈は、贈る人の意思のみで成立しますが、死因贈与は、贈与者と受贈者との間に合意があることが必要です。

Chapter 3

54 贈与税が課税される財産には何がある？

その年1月1日から12月31日までの1年間に個人から財産の贈与を受けた個人は、その贈与を受けた財産について、「暦年課税」（No.57参照）を適用するときに贈与を受けた財産の価額の合計額が基礎控除額（110万円）を超える場合、又は「相続時精算課税」（No.63参照）を適用する場合には、贈与税の申告を行う必要があります*。

贈与税が課税される財産は、贈与を受けた財産であり、「あげる」「もらう」という個人間の契約により取得する土地、建物、預貯金、現金、有価証券等の一切の財産です。贈与税の課税対象となる財産の範囲は、贈与者と受贈者の相続開始時における住所等により異なります。具体的には、次頁の図表「贈与税の納税義務者と課税財産の範囲」のとおりとなります。なお、親の土地や家屋を子の名義に変更した場合など、無償で財産の名義を変更した場合には、原則として、新たに名義人となった人が、その財産を贈与によって取得したものとされて贈与税が課税されます。また、親が購入した不動産を子の名義で登記する等、購入した財産の名義を他人名義にした場合には、原則として、その名義人となった人が、その取得資金を贈与によって取得したものとされ、贈与税が課税されます。

上記の贈与を受けた財産ではなくても、①保険料を負担した人以外の人が受け取った保険金（相続税が課税される保険金を除く）、②著しく低い価額で財産を譲り受けたことによる利益、③債務の免除や引受け等を受けたことによる利益等についても、贈与を受けたものとみなされて、贈与税が課税されます。

＊令和5年度税制改正により、令和6年1月1日以後に行われる贈与については、贈与税の相続時精算課税の見直しが行われます（No.65参照）。

贈与税の納税義務者と課税財産の範囲

＊次の図表中、グレーの区分に該当する受贈者が贈与により取得した財産については、国内財産・国外財産に係らずすべて課税対象になる。

<table>
<tr><th colspan="3" rowspan="3">受贈者
贈与者</th><th colspan="2">国内に住所あり</th><th colspan="3">国内に住所なし</th></tr>
<tr><th rowspan="2"></th><th rowspan="2">一時居住者
＊1</th><th colspan="2">日本国籍あり</th><th rowspan="2">日本国籍なし</th></tr>
<tr><th>10年以内に国内に住所あり</th><th>10年以内に国内に住所なし</th></tr>
<tr><td colspan="3">国内に住所あり</td><td></td><td></td><td></td><td></td><td></td></tr>
<tr><td></td><td colspan="2">一定の外国人
＊2</td><td></td><td>国内財産のみ（居住制限納税義務者）</td><td></td><td>国内財産のみ（非居住制限納税義務者）</td><td>国内財産のみ（非居住制限納税義務者）</td></tr>
<tr><td rowspan="3">国内に住所なし</td><td colspan="2">10年以内に国内に住所あり</td><td></td><td></td><td></td><td></td><td></td></tr>
<tr><td></td><td>一定の外国人
＊3</td><td></td><td>国内財産のみ（居住制限納税義務者）</td><td></td><td>国内財産のみ（非居住制限納税義務者）</td><td>国内財産のみ（非居住制限納税義務者）</td></tr>
<tr><td colspan="2">10年以内に国内に住所なし</td><td></td><td>国内財産のみ（居住制限納税義務者）</td><td></td><td>国内財産のみ（非居住制限納税義務者）</td><td>国内財産のみ（非居住制限納税義務者）</td></tr>
</table>

＊1　贈与の時において出入国管理及び難民認定法別表第1の在留資格を有する人で、贈与前15年以内において日本国内に住所を有していた期間の合計が10年以下の人をいう。

＊2　贈与の時において＊1の在留資格を有する人をいう。

＊3　贈与の時において日本国内に住所を有していなかった贈与者で、その贈与前10年以内のいずれかの時において、日本国内に住所を有していたことがある人のうち、いずれの時においても日本国籍を有していなかった人をいう。

Chapter 3

55 贈与税の期間制限（時効）

相続税や贈与税といった国税の更正、決定等の処分については期間制限（いわゆる“時効”）があり、原則として、更正は５年間、決定は５年間、偽りその他不正行為があった場合の更正・決定は７年間、贈与税の更正・決定は６年間とされています。なお、これらの期間は、法定申告期限から起算します。

税務署では、この期間制限の関係から法定申告期限から７年間は個人の確定申告書をはじめ、各種お尋ね、財産・債務の明細書、名寄帳など、多種の資料を収集しているといわれています。さらに相続税の課税が予想される大口の資産家については、期間の制限なくこれらの資料を保管しているようです。

上記のとおり国が行う贈与税の更正、決定等については期間制限がありますから、これらの期間が過ぎた場合、本来は贈与税の課税がされるケースであっても、更正や決定等の処分はされないことになります。ただし、そのような場合であっても「贈与された事実」がないときには、贈与自体が否定されることになります。特に相続税の軽減対策の一環として、財産の生前贈与を行う場合には、注意が必要です。

贈与は、「あげる」「もらう」という当事者間の契約により成立するものであり、「あげる」「もらう」という認識がないと、贈与された事実がないことになります。この場合の贈与された事実の裏付けとして、財産の名義変更後の管理・運用を誰が行っているのかということがポイントになります。財産の名義が相続開始前に被相続人から親族に変更されていた場合であっても、その財産を管理・運用していたのが被相続人であれば被相続人が真の所有者とされ、相続財産として相続税の課税対象となりえますので、注意が必要です。

更正・決定・更正の請求の期間制限

主な国税の更正・決定・更正の請求の期間制限

処分・手続き	期限
更正	5年
決定	5年
法人税の純損失等の金額にかかる更正・更正の請求	10年
偽りその他不正行為があった場合の更正・決定	7年
贈与税にかかる更正・決定・更正の請求	6年
更正の請求	5年
上記期限は、法定申告期限から起算する。	

更正・決定・更正の請求

処分・手続き	意義
更正	納税申告書の提出があった場合において、納税申告書に記載された課税標準等又は税額の計算が国税に関する法律の規定に従っていなかったこと等がある場合に、調査により、税務署長が職権で、その申告書にかかる課税標準等又は税額を是正する処分をいう。
決定	納税申告書を提出する義務があると認められる者がその申告書を提出しなかった場合に、調査により、税務署長が職権で、その申告書にかかる課税標準等及び税額等を確定する処分をいう。
更正の請求	納税申告書を提出した者が、その申告書に記載した課税標準等又は税額等が国税に関する法律の規定に従っていなかったこと等により、税額が過大・純損失等の金額が過少・還付金が過少等である場合に、税務署長に対して、その是正を請求する手続きをいう。

Chapter 3

56 贈与税が課税されない非課税財産とは

贈与税については、原則として、贈与されたすべての財産が課税の対象とされます。しかし、次に掲げるものについては、財産の性格、贈与の目的、国民感情、社会政策上の配慮等により、**非課税財産**として贈与税の課税対象から除くこととされています。

①法人からの贈与により取得した財産（贈与税はかからないが、取得した個人の一時所得となり、所得税が課税される）

②扶養義務者相互間での生活費又は教育費に充てるために取得した財産で通常必要と認められるもの（取得した財産を預金したような場合には課税される）

③宗教、慈善、学術等の公益を目的とする事業を行う者が贈与により取得した財産で、その公益を目的とする事業の用に供することが確実なもの（その公益を目的とする事業の用に供しなかった場合には課税される）

④特定公益信託から交付される金品（一定の奨学金、学術奨励金など）

⑤心身障害者扶養共済制度に基づく給付金の受給権

⑥選挙における公職の候補者が、選挙運動に関して贈与により取得した金銭、物品等で、選挙運動に関する収入及び支出の報告がされたもの

⑦特定障害者扶養信託契約に基づく信託受益権のうち6000万円までの部分（特別障害者以外は3000万円）

⑧個人から贈与を受ける香典、年末年始の贈答、祝物又は見舞等の為の金品で社会通念上相当と認められるもの

⑨相続や遺贈により財産を取得した人が、相続開始の年における被相続人からの贈与により取得した財産

贈与税の非課税財産

非課税財産の種類	非課税とされる範囲
法人からの贈与により取得した財産	すべて
扶養義務者間の生活費や教育費	通常必要と認められるもの（必要な都度の贈与に限る）
公益目的事業用財産	公益目的事業に供される部分
特定公益信託から交付を受ける金品	財務大臣の指定するもの又は学生もしくは生徒に対する学資の支給を目的とするもの
心身障害者扶養共済制度に基づく給付金の受給権	給付金の受給権の額
公職選挙の候補者が贈与により取得した財産	公職選挙法の規定による報告がされたもの
特定障害者扶養信託契約に基づく信託受益権	6000万円までの部分（特別障害者以外は3000万円）
社交上の香典、祝物、見舞等	社会通念上、相当と認められるもの
相続や遺贈により財産を取得した人が、相続開始の年における被相続人からの贈与により取得した財産	相続又は遺贈により財産を取得した者について、すべて相続税課税が行われるため、贈与税は非課税とされる。相続又は遺贈により財産を取得しなかった場合には、通常どおり贈与税が課税される。

Chapter 3

57 暦年課税の贈与税のしくみは、どのようになっているか

贈与契約が成立し、贈与により財産の移転が行われると、その移転について、贈与税が課されます。

贈与税は、財産を取得した個人が、1暦年中（1月1日から12月31日まで）に贈与により取得した財産の価額の合計額に応じて納付します。

贈与税には、**暦年課税**と**相続時精算課税**の2つの方式があります。

暦年課税の贈与税には、**基礎控除**というものがあり、基礎控除額は1年間当たり110万円です。したがって、1年間に110万円までの贈与を受けても、贈与税はかかりません。

110万円の基礎控除は、受贈者単位で適用されます。父から100万円、母から100万円、兄から100万円、叔父から100万円の合計400万円を贈与により取得した場合、1年間に贈与により取得した金額の合計額（400万円）について、基礎控除が使えるのは1回だけです。贈与者それぞれの金額に使えるわけではありません。

400万円を贈与により取得した場合の贈与税額の計算は、右図の速算表を使用して計算します。

400万円（贈与財産の課税価格）－110万円（基礎控除額）

＝290万円（基礎控除後の課税価格）

290万円（基礎控除後の課税価格）×15%－10万円（控除額）

＝33万5000円

贈与を受けた年の1月1日において18歳以上の受贈者が父母や祖父母などの直系尊属から贈与により財産を取得した場合の贈与税については右図の特例贈与財産用（特例税率）にて計算します。これに該当しない場合の贈与税は一般贈与財産用（一般税率）で計算します。

暦年課税の贈与税の計算

贈与税の速算表

(特例贈与財産：特例税率)

基礎控除後の課税価格	18歳以上※の直系卑属	
	税率	控除額
～ 200万円以下	10%	0万円
200万円超 ～ 400万円以下	15%	10万円
400万円超 ～ 600万円以下	20%	30万円
600万円超 ～ 1000万円以下	30%	90万円
1000万円超 ～ 1500万円以下	40%	190万円
1500万円超 ～ 3000万円以下	45%	265万円
3000万円超 ～ 4500万円以下	50%	415万円
4500万円超 ～	55%	640万円

※令和4年3月31日以前は20歳以上

(一般贈与財産：一般税率)

基礎控除後の課税価格	上記以外	
	税率	控除額
～ 200万円以下	10%	0万円
200万円超 ～ 300万円以下	15%	10万円
300万円超 ～ 400万円以下	20%	25万円
400万円超 ～ 600万円以下	30%	65万円
600万円超 ～ 1000万円以下	40%	125万円
1000万円超 ～ 1500万円以下	45%	175万円
1500万円超 ～ 3000万円以下	50%	250万円
3000万円超 ～	55%	400万円

贈与税額の計算方法

①贈与財産の価額の合計額－基礎控除額－配偶者控除額※＝基礎控除後の課税価格
②基礎控除後の課税価格×税率－控除額＝贈与税額
※配偶者控除はNo.58参照

贈与税の計算をする際の課税価格は、その財産の贈与時の時価になります。ただし、時価といっても、財産ごとに時価を把握することは困難であることから、財産評価基本通達による評価額を時価として計算します。

58 贈与税の配偶者控除の特例とは

配偶者間の贈与については、同一世代間の財産の移転であること、贈与という認識が希薄であること、また、一方の配偶者の死亡後の生活保障を意図していることも少なくないことから、**居住用財産の贈与について2000万円の特別控除の特例**が設けられています。

婚姻期間が20年以上である配偶者から居住用の土地（借地権も対象となる）又は家屋を贈与により取得し、その翌年3月15日までに受贈者が居住し、その後も引き続き居住する見込みである場合、又は居住用不動産の取得のための金銭を贈与により取得し、その翌年3月15日までに居住用不動産を取得して同日までに居住し、かつ、その後も引き続いて居住する見込みである場合は、最高2000万円まで贈与税の課税価格から控除できます。

この場合の婚姻期間の判定は、婚姻の届出があった日から贈与の日までの期間により行います。婚姻とは、法律上の婚姻関係があることをいうので、内縁関係は含まれません。婚姻期間に1年未満の端数があるときは切り捨てます。

この規定は、同一の配偶者から、一生に1回しか受けられません。もっとも、婚姻期間20年の制限がありますが、別の人と再婚すれば、一生に2回以上この規定の適用を受けられる可能性もあります。

家屋の建替え、売却や買換え等を予定している場合には、いつの時点での贈与が有利になるかの判断が必要になります。さらに、継続して居住する見込みであることがこの規定の適用要件とされていることから、この点からの考慮が必要になります。

この特例の適用を受けるためには、贈与税の申告書に必要書類を添付して、税務署に申告する必要があります。

贈与税の配偶者控除の特例のあらまし

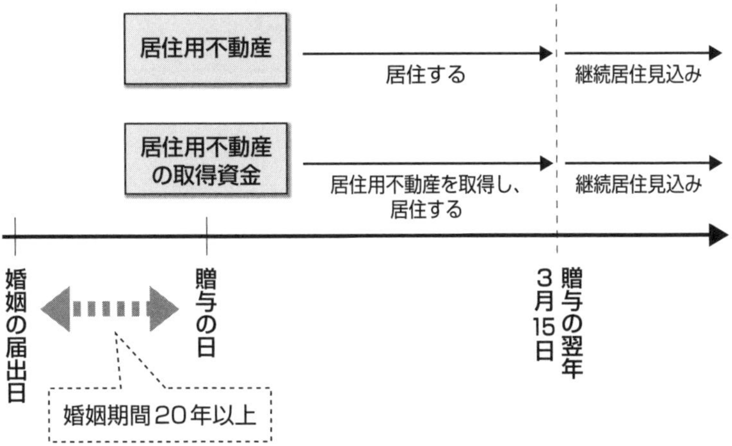

要件	婚姻期間が20年以上の配偶者からの贈与であること
	居住用不動産又は居住用不動産を取得するための金銭の贈与であること
	居住用不動産の贈与を受けた場合には、その贈与を受けた年の翌年3月15日までに居住用不動産に充て、かつ、その後も継続して居住する見込みであること
	居住用不動産を取得するための金銭の贈与を受けた場合には、その金銭を贈与を受けた翌年3月15日までに居住用不動産の取得に充て、かつ、その取得した居住用不動産に贈与を受けた年の翌年3月15日までに受贈者が居住し、その後も継続して居住する見込みであること
	前年以前のいずれかの年において、その配偶者からの贈与についてこの贈与税の配偶者控除の特例の適用を受けたことがないこと
	贈与税の配偶者控除の特例の適用を受ける旨その他一定の事項を記載した贈与税の申告書に、戸籍謄本や居住用不動産の登記簿謄本等の一定の書類を添付して提出すること
控除額	贈与税の課税価格から2000万円を配偶者控除額として控除することができる

Chapter 3

59 借入金付きの財産の移転をする場合の注意点

借入金付きの財産を贈与する場合には、いくつか注意すべき点があります。

借入金で購入した財産を、その借入金を付けたまま贈与（負担付贈与）した場合の税務上の取扱いは、通常の贈与とは異なります。建物や土地を借入金で購入した場合には、通常、その購入した建物や土地に抵当権を設定するため、借入金も一緒に移転したいと考えるのが普通です。

たとえば、土地を贈与する場合、その土地の時価（通常の取引価額）が7000万円（相続税評価額5000万円）で、借入金が5000万円あるとします。贈与税における財産の評価は、相続税評価額により評価することが原則とされています。したがって、土地を相続税評価額である5000万円で評価すると、土地5000万円－借入金5000万円＝0円となり、贈与税の課税対象となる金額が0円となり贈与税は発生しないことになります。

しかし、このような負担付贈与における財産の評価額については、**通常の取引価額で評価**することが求められます。よって、受贈者については、土地の価額を7000万円として、土地7000万円－借入金5000万円＝2000万円が、贈与税の課税対象とされ、（2000万円－110万円）×45％－265万円＝585万5000円*の贈与税の納付が必要になります。

さらに、負担付贈与をした贈与者については、その負担額を対価として財産を譲渡したものとして取扱います。つまり、この場合、時価7000万円の土地を、5000万円（借入金の金額）で譲渡したと考えます。

単に贈与をしたという認識でいると、税務署から譲渡所得の申告漏れを指摘されることにもなりますので注意が必要です。不動産の譲渡所得税は短期譲渡所得であれば譲渡益の39.63％（所得税30.63％、住民税9％）、長期譲渡所得であれば特別控除後の譲渡益に対し20.315％（所得税15.315％、

負担付贈与の場合の評価

	通常の贈与	負担付贈与
贈与財産の評価	相続税評価額	通常の取引価額
贈与者に対する所得税の課税	個人に対する贈与では、譲渡所得は発生しない	負担の額を対価として資産を譲渡したものと取扱われる

土地

相続税評価額　5000万円
通常の取引価額　7000万円
借入金残高　5000万円

- 借入金の残債を付けて贈与した場合の、この土地の評価額は、通常の取引価額の7000万円
- 借入金を返済して、土地だけを贈与した場合の、この土地の評価額は、相続税評価額の5000万円
- 同じ土地でも、負担の有無で評価額が異なることになる

負担付贈与の場合の所得税の考え方

土地を贈与することにより、借入金5000万円の債務がなくなることは、経済的には、土地を5000万円で売却して、その代金5000万円で借入金を返済したのと同様の効果を持つと考えられる

住民税5%）の税率で課税されることとなります。

なお、抵当権は担保の差し替えをしない限り、その土地に借入金の完済までついて回ります。

＊特例税率で計算（No.57参照）

Chapter 3

60 直系尊属から住宅取得等資金の贈与を受けた場合の贈与税の非課税とは

直系尊属から住宅取得等資金の贈与を受けた場合の贈与税の非課税とは、父母又は祖父母から自己の住宅用家屋の新築もしくは一定の中古住宅を取得（これらの敷地を含みます）又は増改築等をするために住宅取得等資金の贈与を受けた場合、令和４年１月１日から令和５年12月31日までの贈与については500万円を限度として贈与税が非課税となる特例です。住宅用家屋が一定の省エネルギー性や耐震性又は高齢者等配慮対策を備えている場合には、この非課税金額は1000万円になります。

この非課税の適用を受けるための要件は右図のとおりです。

この非課税の特例は、暦年課税の贈与税でも相続時精算課税の贈与税でも適用を受けることができます。贈与する資産は金銭に限定され、住宅用家屋やその敷地の現物での贈与は非課税の対象になりません。

受贈者の直系尊属から贈与を受ける必要がありますので、受贈者の配偶者の直系尊属からの贈与では適用がありません。

贈与を受けた年の翌年３月15日までに新築・取得・増改築等する必要がありますが、受贈者が建築請負工事の発注者となって新築（増改築等）工事をする場合には、同日において新築（増改築等の完了）に準ずる状態（屋根を有し、土地に定着した建造物として認められる時以後の状態）になっていれば新築（増改築等）工事が完了していなくても非課税の適用を受けることができます。しかし、建売住宅や分譲マンションを購入する場合には、同日において工事が完了し、かつ、同日までに引渡しを受けていない場合には非課税の適用はありません。分譲マンションは３月末位に完成引渡しとなるケースが多いですので、非課税の特例を受けるためには、引渡時期と贈与時期に注意を払う必要があります。

住宅取得等資金の非課税

非課税限度額

贈与年	非課税限度額	
	一般の住宅	省エネ等住宅
令和4年1月1日～ 令和5年12月31日の贈与	500万円	1000万円

適用要件

受贈者	①その者の直系尊属（父母・祖父母等）から贈与を受けること ②贈与を受けた時に国内に住所を有し、かつ日本国籍を有していること ③贈与を受けた年の1月1日において18歳以上[*1]であること ④贈与を受けた年の合計所得金額が2000万円以下[*2]であること
贈与財産	金銭（住宅取得等資金）
住宅取得等資金の使途	①居住用家屋の新築・取得（敷地を含む） ②居住用家屋（中古）の取得（敷地を含む） ③居住用家屋の増改築等（敷地を含む）
新築・取得の場合の居住用家屋	①日本国内にある家屋であること ②床面積が40㎡以上240㎡以下であること ③中古の場合は、原則として昭和57年1月1日以後に建築されたもの又は一定の耐震基準の適合が証明されたものであること ④床面積の2分の1以上が専ら居住の用に供されるものであること
増改築等の場合の工事	①日本国内において行う工事であること ②増築・改築・大規模の修繕・大規模の模様替その他一定の工事であること ③工事費用が100万円以上であること ④床面積が40㎡以上240㎡以下であること ⑤床面積の2分の1以上が専ら居住の用に供されるものであること
取得等の時期	贈与を受けた年の翌年3月15日までに新築・取得・増改築等しなければならない
居住の時期	贈与を受けた年の翌年3月15日までに居住又は同日後遅滞なく居住に供しなければならない
申告要件	贈与税の申告書に所定の事項を記載し、かつ、一定の添付書類とともに提出する必要がある

＊1　令和4年3月31日以前は20歳以上
＊2　新築等をした住宅の床面積が40㎡以上50㎡未満である場合は1000万円以下

Chapter 3

61 教育資金の一括贈与に係る贈与税の非課税とは

扶養義務者相互間での教育資金の贈与は、通常必要と認められる金額を必要な都度贈与する場合には贈与税は非課税（No.56参照）になります。ただし、教育資金をまとめて贈与する場合は贈与税が課税されます。この原則的な取扱いとは異なり、令和8年3月31日までの特例として、「教育資金の一括贈与に係る贈与税の非課税措置」が設けられています。

30歳未満の個人（以下「受贈者」[*1]）が、教育資金に充てるため、金融機関等との一定の契約に基づき、父母・祖父母等の直系尊属（以下「贈与者」）から信託受益権を取得した場合や書面による贈与により取得した金銭を銀行等に預入をした等の場合には、その信託受益権等の価額のうち1500万円までの金額に相当する部分の価額について、金融機関等の営業所等を経由して教育資金非課税申告書を提出することにより、受贈者の贈与税が非課税となります。

契約期間中に贈与者が死亡した場合には、原則、その死亡日における非課税拠出額（1500万円を限度）から教育資金支出額（学校等以外のものに支払われる金銭は500万円を限度）を控除した残額のうち一定の計算をした金額（以下「管理残額」）を、贈与者から相続又は遺贈により取得したこととされ、受贈者に相続税が課税されます[*2]。

教育資金口座に係る契約が終了した場合には、非課税拠出額から教育資金支出額を控除（管理残額がある場合は管理残額も控除）した残額があるときは、その残額はその契約終了時に贈与があったこととされ、受贈者に贈与税が課税されます。この場合の贈与税の計算においては、直系尊属からの贈与について通常適用される特例税率ではなく、より税負担が高くなる一般税率が適用されます。

教育資金の一括贈与に係る贈与税の非課税措置の概要

○親・祖父母（贈与者）が、子・孫（受贈者）名義の金融機関の口座等に、教育資金を一括して拠出。この資金について、受贈者（**0歳～29歳、合計所得金額1000万円以下**）ごとに原則**1500万円**までの金額に係る贈与税が非課税。

○**贈与者の死亡時残高を相続財産に加算**（23歳未満、学校等に在学中等かつ贈与者の死亡に係る相続税の課税価格の合計額が5億円以下の場合を除く）。

○契約終了時（受贈者が30歳到達時等など）の残高に対して、贈与税を課税。

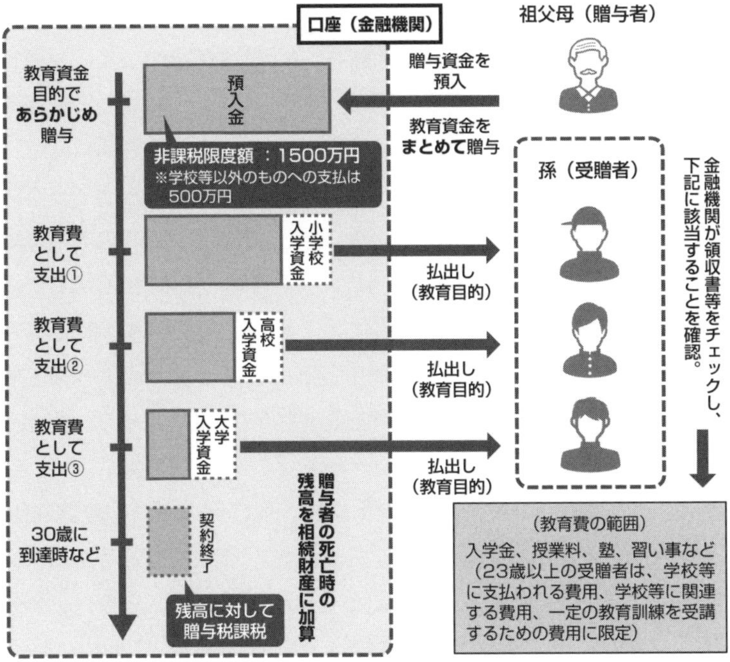

（出典：財務省「相続税・贈与税分野の改正について」を基に作成）

＊1 信託受益権等を取得した日の属する年の前年分の受贈者の所得税に係る合計所得金額が1000万円を超える人を除きます。

＊2 贈与者の死亡日において、受贈者が23歳未満、学校等に在学中等であり、かつ贈与者に係る相続税の課税価格の合計額が5億円以下の場合には、相続等により取得したこととされません。

Chapter 3

62 結婚・子育て資金の一括贈与に係る贈与税の非課税措置

扶養義務者相互間で結婚・子育てに通常必要と認められる金額を必要な都度贈与する場合、贈与税は非課税（No.56参照）になります。ただし、結婚・子育ての資金をまとめて贈与する場合は贈与税が課税されます。この原則的な取扱いとは異なり、令和7年3月31日までの特例として、「結婚・子育て資金の一括贈与に係る贈与税の非課税措置」が設けられています。

18歳以上50歳未満の個人（以下「受贈者」*）が、結婚・子育て資金に充てるため、金融機関等との一定の契約に基づき、父母・祖父母等の直系尊属（以下「贈与者」）から信託受益権を取得した場合や書面による贈与により取得した金銭を銀行等に預入をした等の場合には、その信託受益権等の価額のうち1000万円までの金額に相当する部分の価額について、金融機関等の営業所等を経由して結婚・子育て資金非課税申告書を提出することにより、受贈者の贈与税が非課税となります。

契約期間中に贈与者が死亡した場合には、死亡日における非課税拠出額（1000万円を限度）から結婚・子育て資金支出額（結婚に際して支払う金銭は300万円を限度）を控除した残額（以下「管理残額」）を、贈与者から相続又は遺贈により取得したこととされ、受贈者に相続税が課税されます。

受贈者が50歳に達すること等により、結婚・子育て口座に係る契約が終了した場合には、非課税拠出額から結婚・子育て資金支出額を控除（管理残額がある場合には、管理残額も控除）した残額があるときは、その残額はその契約終了時に贈与があったこととされ、受贈者に贈与税が課税されます。この場合の贈与税の計算においては、直系尊属からの贈与について通常適用される特例税率ではなく、より税負担が高くなる一般税率が適用されます。

結婚・子育て資金の一括贈与に係る贈与税の非課税措置の概要

○親・祖父母（贈与者）が、子・孫（受贈者）名義の金融機関の口座等に、結婚・子育て資金を一括して拠出。この資金について、受贈者（**18歳～49歳、合計所得金額1000万円以下**）ごとに**1000万円（結婚関係300万円）**までの金額に係る贈与税が非課税。
○**贈与者死亡時の残高は相続税の課税財産に加算**。
○契約終了時（受贈者が50歳到達時など）の残高に対して贈与税が課税。

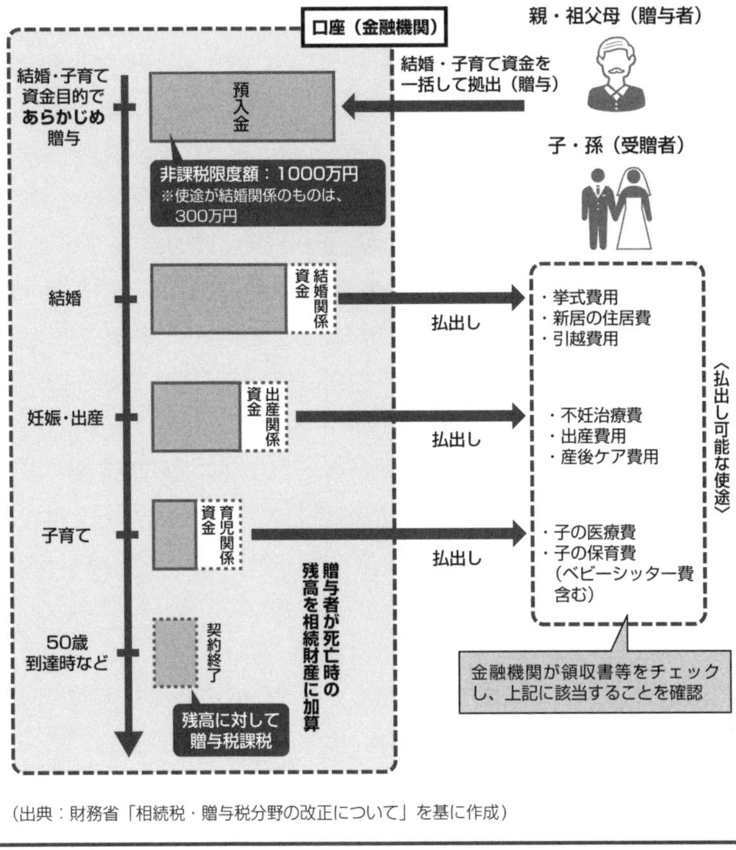

（出典：財務省「相続税・贈与税分野の改正について」を基に作成）

＊信託受益権等を取得した日の属する年の前年分の所得税の合計所得金額が1000万円を超える場合を除きます。

Chapter 3

63 相続時精算課税の贈与税のしくみは

相続時精算課税の場合は、暦年課税の場合とは異なったしくみで贈与税の課税が行われます。

相続時精算課税を選択して贈与を受けた受贈者（子）は、贈与を受けた際に、その贈与財産に対する贈与税をいったん支払います。その後、贈与者（親）の相続が発生した場合には、その贈与財産と相続財産とを合計した価額を基に、相続税額を計算します。この相続税額からすでに支払った贈与税額を控除することにより、贈与税・相続税を通じた納税をすることになります。

贈与を受けた際に支払う贈与税は、贈与財産の合計額から特別控除額2500万円（使い切るまで複数年にわたり利用できる）を控除した金額に20%を乗じた金額です。つまり、贈与額が2500万円に達するまでは、贈与時に支払う贈与税はゼロということになります。

相続時精算課税の適用対象者は、贈与者については、贈与をした年の1月1日現在60歳以上の父母又は祖父母、受贈者については、贈与をした年の1月1日現在18歳（令和4年3月31日以前については20歳）以上の子（推定相続人である直系卑属）又は孫であることとされています。養子についても、実子と同様に適用があります。

この制度の選択をしようとする受贈者（子）は、この制度の適用対象となる贈与を受けた年の翌年2月1日から3月15日までの間に税務署長に対し、この特例を選択する旨の届出書（相続時精算課税選択届出書）を贈与税の申告書に添付します。納付すべき税額がなくとも、申告しなければこの制度の適用を受けることはできません。また、この届出書を提出したら、相続開始まで撤回することはできません。つまり、制度の選択は納税者の選択によりますが、一度、相続時精算課税を選択したら、その選択した贈与者からの贈与については暦年

相続時精算課税のしくみ

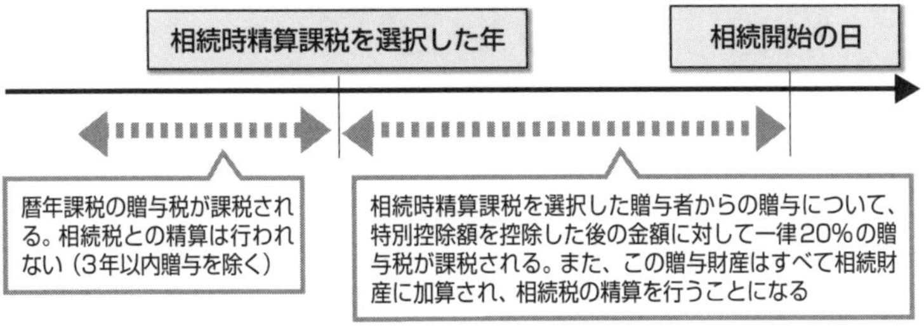

要件	贈与者	贈与をした年の1月1日現在において60歳以上の父母又は祖父母
	受贈者	贈与を受けた年の1月1日現在において18歳以上[*1]の子（推定相続人である直系卑属）又は孫
選択		「相続時精算課税選択届出書」を贈与税の申告期限までに所轄税務署長に提出すること
		受贈者ごとに選択できる。たとえば、長男は相続時精算課税を選択し、次男は暦年課税を選択することができる
		贈与者ごとに選択できる。たとえば、父からの贈与について相続時精算課税を選択し、母からの贈与について暦年課税を選択することができる
撤回		一度選択した相続時精算課税を、暦年課税に戻すことはできない
財産の種類等		財産の種類、金額、贈与回数に制限はない
特別控除額		1人の贈与者からの贈与について2500万円（前年以前に特別控除を適用している場合には、累積で2500万円に達するまで）
贈与税の課税		特別控除額を控除[*2]した後の金額に対して一律20%の贈与税が課税される

＊1　令和4年3月31日以前は20歳以上
＊2　令和6年1月1日以後は基礎控除及び特別控除額を控除（NO.65参照）

課税に戻ることはできないということです。

また、適用の単位は、受贈者ごと、贈与者ごとにそれぞれ選択することができます。よって、子Aは、父及び母の両方からの贈与について、この制度を選択し、また、子Bは、父からの贈与についてのみこの制度を選択し、母からの贈与については暦年課税により申告することも可能です。

この規定が適用される財産の種類、金額、贈与回数には、制限がありません。

Chapter 3

64 相続時精算課税による税額計算のしかた

この制度を選択した場合には、受贈者（子）は贈与者（親）からの贈与財産について、他の贈与財産と区分して、その贈与者からの贈与財産の価額の合計額から2500万円（特別控除額）を控除した後の金額に、一律20%の税率を乗じて算出した税額を納付します。この時点での納付は、相続税の前払いです。また、贈与を受けた財産の価額が2500万円以下である場合には、贈与税額は発生しません。この特別控除額は、複数年にわたり贈与財産の価額の合計額が2500万円に達するまでは、何回でも利用できます。たとえば、X1年に2000万円、X2年に4000万円を子に贈与したとします。子が相続時精算課税を選択した場合の贈与税額は、次のようになります。

X1年　(2000万円－2000万円)×20%＝0円

X2年　(4000万円－500万円)×20%＝700万円

X1年においては、特別控除額2500万円以下のため贈与税は発生しません。X2年においては、特別控除額のうち2000万円については、X1年に使用したため、2500万円－2000万円＝500万円が特別控除額となります。

相続税の計算はどのようになるのでしょう。この制度にかかる贈与者（親）の相続発生時に、この制度の適用を受けた贈与財産（上記の計算例では6000万円）を相続財産に合算して、相続税の計算をします。そしてその相続税額から贈与を受けた際に納付した贈与税額（上記の計算例では700万円）を控除します。なお、ここで相続財産に加算する贈与財産の金額は、贈与時の価額（時価）になります。

贈与時の時価で相続税の計算に合算されるため、暦年課税のように相続財産を減らす効果はなく、基本的には、相続税の節税にはなりません。

暦年課税と相続時精算課税による贈与税額の比較

相続時精算課税を選択した場合の贈与税額
（贈与財産の価額の合計額－特別控除額）×20%＝贈与税額
※特別控除額2500万円（累計で2500万円に達するまで）

相続時精算課税で1億円を贈与した場合の贈与税額の計算例

（令和5年中までの贈与にかかる計算例）

	1億円を1年間に贈与した場合	1億円を2000万円ずつ、5年間で贈与した場合	1億円を1000万円ずつ10年間で贈与した場合
1年目	(1億円－2500万円)×20%＝1500万円	(2000万円－2000万円)×20%＝0	(1000万円－1000万円)×20%＝0
2年目		(2000万円－500万円)×20%＝300万円	(1000万円－1000万円)×20%＝0
3年目		(2000万円－0)×20%＝400万円	(1000万円－500万円)×20%＝100万円
4年目		同上　400万円	(1000万円－0)×20%＝200万円
5年目		同上　400万円	同上　200万円
6年目～10年目			同上　200万円
合計	1500万円	1500万円	1500万円

暦年課税で1億円を贈与した場合の贈与税額の計算例

	1億円を1年間に贈与した場合	1億円を2000万円ずつ、5年間で贈与した場合	1億円を1000万円ずつ10年間で贈与した場合	1億円を500万円ずつ20年間で贈与した場合
1年目	(1億円－110万円)×55%－640万円＝4799万5千円	(2000万円－110万円)×45%－265万円＝585万5千円	(1000万円－110万円)×30%－90万円＝177万円	(500万円－110万円)×15%－10万円=48万5千円
2年目		同上 585万5千円	同上 177万円	同上 48万5千円
3年目～5年目		同上 585万5千円	同上 177万円	同上 48万5千円
6年目～10年目			同上 177万円	同上 48万5千円
11年目～20年目				同上 48万5千円
合計	4799万5千円	2927万5千円	1770万円	970万円

※　相続時精算課税は、20%という定率の税率であり特別控除額も累計で2500万円までしか使えないため、何年に分割して贈与しようともトータルの贈与税額は変わらない。一方、暦年課税の贈与税は、累進税率であり、1暦年につき110万円の基礎控除額が使えるため、1年間の贈与額を低くし、かつ、多年にわたる贈与をすることにより、トータルの贈与税額を抑えることができる。
　令和5年度税制改正により相続時精算課税贈与についても、1暦年につき110万円の基礎控除が創設されたため、令和6年以後の相続時精算課税贈与については、分割して贈与した場合のほうがトータルの贈与税額は抑えられる（改正についてはNo.65参照）。
　暦年課税の贈与税額は、特例税率により計算している。

Chapter 3

65 令和6年以後の相続時精算課税の見直し

相続時精算課税の使い勝手の向上のため、令和6年1月1日以後に受けた贈与については以下のような見直しが行われます。

相続時精算課税適用者が特定贈与者（60歳以上の父母又は祖父母）から贈与により財産を取得した場合、その財産に係るその年分の贈与税については、暦年課税の基礎控除とは別に課税価格から基礎控除110万円が控除されます。たとえば令和6年に相続時精算課税適用者のAが特定贈与者の父から現金200万円の贈与を受けた場合、その年分の贈与税の計算は200万円－110万円（基礎控除）－90万円（特別控除）＝0円となります。その後、令和7年にその父からAが現金2600万円の贈与を受けた場合、その年分の贈与税の計算は〔2600万円－110万円－（2500万円－90万円)〕×20%＝16万円となります。

特定贈与者が亡くなった場合、その相続税の計算上、相続財産の価額に、[相続時精算課税により亡くなった特定贈与者から取得した贈与財産の価額－基礎控除］が加算されます。たとえば相続時精算課税適用者のBが特定贈与者の父から令和6年に現金200万円、令和7年に現金2600万円の贈与を受けた後、父が令和8年に死亡した場合、(200万円－110万円）＋（2600万円－110万円）＝2580万円が父の死亡に係る相続税の計算に加算されます。

相続時精算課税による贈与で取得した財産の価額は、特定贈与者に係る相続税の計算上、贈与時点の価額で加算されるのが原則です。ただし、特定贈与者から贈与により取得した土地や建物について、令和6年1月1日以後に生ずる災害により一定以上の被害を受けた場合には、例外的に相続税の課税価格が再計算されます。具体的には、相続時精算課税適用者が特定贈与者から贈与により一定の土地又は建物を取得した場合において、その贈与の日から

令和6年以後の相続時精算課税の見直し

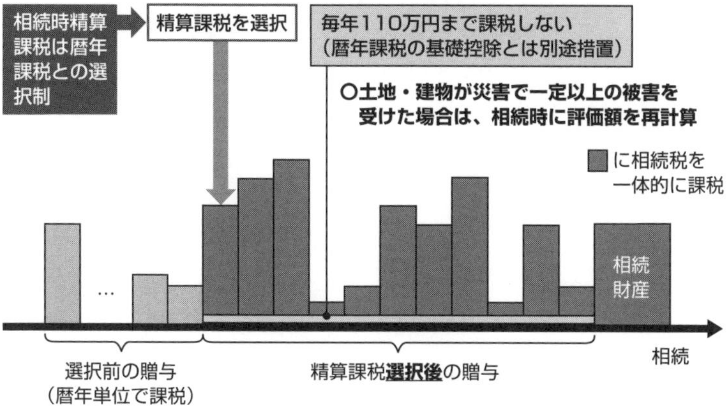

(出典：財務省「令和5年度税制改正　2資産課税」を基に作成)

相続時精算課税で 1 億円を贈与した場合の贈与税額の計算例

(令和6年以後の贈与に係る計算例)

	1億円を 1年間に贈与した場合	1億円を2000万円ずつ、 5年間で贈与した場合	1億円を1000万円ずつ 10年間で贈与した場合
1年目	(1億円－110万円－2500万円)×20%=1478万円	(2000万円－110万円－1890万円)×20%=0円	(1000万円－110万円－890万円)×20%=0
2年目		(2000万円－110万円－610万円)×20%=256万円	(1000万円－110万円－890万円)×20%=0
3年目		(2000万円－110万円－0)×20%=378万円	(1000万円－110万円－720万円)×20%=34万円
4年目		同上 378万円	(1000万円－110万円－0)×20%=178万円
5年目		同上 378万円	同上 178万円
6～10年目			同上 178万円
合計	1478万円	1390万円	1280万円

特定贈与者の死亡に係る相続税申告書の提出期限までの間に、災害によりその土地又は建物が一定の被害を受けたときは、相続税の計算上、[その土地又は建物の贈与時の価額－その災害により被害を受けた部分に相当する額] が加算されます。

Chapter 3

66 60歳未満の親からの贈与に相続時精算課税を適用する方法は

相続時精算課税は、贈与者（親）の年齢が60歳以上であることが要件とされています。

しかし、住宅取得等資金の贈与については令和5年12月31日までの特例として、贈与者（親）の年齢制限なしに相続時精算課税を選択できる特例があります。この特例を受ける場合には、仮に贈与者（親）の年齢が55歳であったとしても、相続時精算課税が適用できます。そして、一度、住宅取得等資金の贈与で相続時精算課税を選択すると、その贈与者（親）からその選択した受贈者（子）への贈与については、財産の種類を問わず相続時精算課税が強制適用されることになります。

この特例の適用を受けるためには、住宅取得等資金の贈与税の非課税（No.60参照）と同様に、贈与を受けた住宅取得等資金の全額を贈与を受けた年の翌年3月15日までに受贈者（子）の住宅用家屋の新築・取得・増改築等に充て、かつ、同日までに居住もしくは同日以後遅滞なく居住の用に供する必要があります。

たとえば、55歳の親が住宅取得等資金として1500万円（一般の住宅の非課税枠500万円の要件に該当するとします）を子に贈与をして相続時精算課税を選択した場合には、贈与金額1500万円のうち500万円は非課税になり、残りの1000万円については相続時精算課税の特別控除額2500万円を使うことにより贈与税の負担が生じないことになります。また、特別控除額の残額1500万円（2500万円－1000万円）については、財産の種類を問わず、そして、親の年齢を問わず相続時精算課税を適用して利用することができるようになります。特別控除額の残額を使い切ったら一律20%の課税になります。

相続時精算課税を60歳未満の親からの贈与に適用する方法

親の年齢制限が
ない！

令和5年12月31日
までの特例！

令和5年12月31日までに、
相続時精算課税を利用した住宅取得等資金の贈与を行う

工事費が100万円以
上の増改築等でも対象
になる！

↓

一度、相続時精算課税の適用を受ければ、
親の年齢を問わず相続時精算課税が適用される

期間の制限が
ない！

財産の種類を
問わない！

67 相続時精算課税のメリット・デメリットは

相続時精算課税は、2500万円以内であれば贈与税が課税されないといっても、将来、相続が発生した際には、贈与した財産が相続財産に加算されるため、暦年課税のように相続財産を減らすという効果はなく、「基本的には」相続税の節税にはなりません。

相続時精算課税を適用する場合、相続財産に合算される贈与財産の価額は贈与時の時価であるため、常に価格変動に対するリスクがあります。贈与時と相続時で価額が変動するような財産の場合には、節税になることもあれば、逆に増税になることもあります。

「基本的には」と書いたのは、贈与から相続までの間にその財産の価額が上昇するものを贈与した場合には、相続税の節税になる可能性があるからです。現時点では、将来にわたり価額の上昇が見込まれる財産は限られていますが、業績が好調な自社の株式などは、その一例といえます。そういった意味では、相続時精算課税のメリットに挙げられます。

資産の価格変動はメリットにもなりますが、デメリットにもなります。贈与から相続までの間に価額が低下するものについては、増税効果があります。近年では、土地などがその典型です。相続税の基準となる路線価も、毎年見直されているのが現状です。首都圏などの一部では、アベノミクス効果もあり価格の上昇に転じた地域もありますが、全国的には長期間の値下がりが続いており、今後の見通しも非常に不透明です。

また、いったん相続時精算課税を選択すると、暦年課税へ戻すことは認められません。暦年課税による贈与は、相続開始の3年以上前*1のものであれば、相続財産とは切り離して考えることが可能ですから、確実な節税効果があります*2。

相続時精算課税のメリット・デメリット

納税義務者の種類	暦年課税	相続時精算課税
贈与者	制限なし	贈与年の1月1日現在における年齢が60歳以上の父母又は祖父母 （住宅取得等資金については、年齢制限なし）
受贈者	制限なし	贈与年の1月1日現在における年齢が18歳以上の子又は孫
基礎控除	110万円	110万円（令和6年以後）
特別控除	なし	2500万円 （住宅取得等資金3500万円）
税率	累進税率（最高55%）	一律20%
税額計算	（贈与価額－基礎控除）×累進税率	（贈与価額－基礎控除－特別控除）×20%
大型贈与	累進税率であるため、大型贈与は、贈与税額が多額になり事実上不可能。 多年数・多人数に分割して贈与する方法であれば可能	一律20%の税率であるため可能
相続税との精算	原則としてなし。相続開始以前3年間*の贈与については精算あり	相続時精算課税を選択した年分以後の贈与について、すべて精算の対象となる
相続税の節税効果	あり。原則として相続税との精算は行われないので、贈与財産が相続財産から除かれる。 また、贈与税の基礎控除額分は贈与税も課税されなければ、相続税も課税されないことになる	基本的になし。贈与財産は相続財産に加算されて相続税の課税を受ける。 ただし、令和6年創設の基礎控除額分は相続税課税されない。 また、特別控除額分は贈与税の課税は受けないが、相続税の課税を受けることになる
選択	相続時精算課税を選択しなければ、暦年課税が適用される	相続時精算課税を一度選択すると暦年課税に戻ることはできない
相続紛争の防止	大型贈与が事実上不可能なことから、それほどの効果は期待できない	生前に財産を子に渡せる。贈与者が計画的に対策ができる。相続紛争の防止が期待される

相続時精算課税の選択には、慎重な判断が求められます。

＊1 令和5年度税制改正により、原則令和6年1月1日以後の贈与については、経過措置を経て相続財産への加算期間が7年になります。（No.33参照）
＊2 令和5年度税制改正により創設され、令和6年1月1日以後の贈与から適用される基礎控除（年間110万円までの相続時精算課税贈与）は相続財産に加算されません。（No.65参照）

68 相続時精算課税を住宅ローンの残債の肩代わりに使えるか

相続時精算課税は、贈与財産の種類を限定していません。したがって、親が子の住宅ローンの残債を肩代わりすることに利用することも可能です。しかし、この場合は**直系尊属からの住宅取得等資金の贈与税の非課税の特例**（No.60参照）や**60歳未満の親からの住宅取得等資金の贈与に係る相続時精算課税の親の年齢制限を緩和する特例**（No.66参照）の適用はありません。これらの特例は、贈与を受けた金銭を新規に取得等する対価の支払いに充てることを要件にしているため、すでに取得等済みの場合には適用がないことになります。単なる住宅ローン債務相当額の贈与になります。

住宅ローンの肩代わりの場合には、住宅ローンの名義人（債務者）が受贈者となり、肩代わりをした者が贈与者になります。したがって、夫名義の住宅ローンの残債を妻の両親が負担した場合で考えてみると、妻の両親から夫への贈与と考えるのが原則です。この場合は、親から推定相続人である子への贈与に該当しませんので相続時精算課税の適用はなく、暦年課税が適用されます。このため、非課税枠の110万円を超えた部分について贈与税の課税が発生してしまいます。

妻の両親から妻への相続時精算課税を利用した贈与も可能です。しかし、この場合には妻の両親から妻への贈与を受けた後に、妻から夫への贈与をしたと考えますので、妻から夫への暦年課税による贈与税という問題が生じます。

住宅ローンが夫婦の連帯債務の場合には、購入時の自己資金の負担額と住宅の共有持分から、連帯債務の負担割合が求められます。その負担割合によって住宅ローンの残高を按分した金額が夫婦のそれぞれの残高になります。妻は相続時精算課税を適用し、夫は暦年課税を適用することになります。

相続時精算課税を利用した住宅ローンの残債の肩代わり

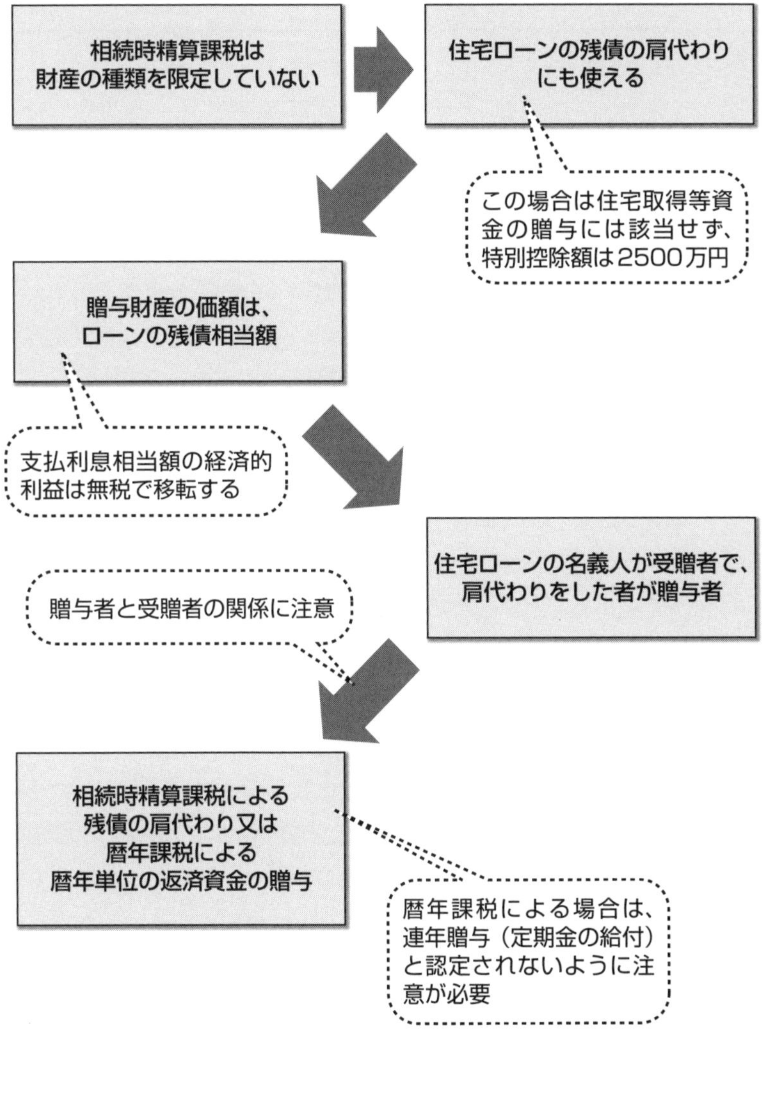

69 相続時精算課税を効果的に使うためには

相続時精算課税は、一度に多額の贈与が可能であり、相続が発生した場合に、贈与財産を贈与時の時価で相続財産に合算することになります。このしくみをうまく利用することにより、効果的に財産移転ができます。

①**収益物件の贈与**……収益物件（賃貸住宅、賃貸事務所など）を相続時精算課税を利用して移転すると有利な点がいくつかあります。まず、収益物件の相続税評価額は実勢価格と比較して低くおさえられています。5000万円支払って建築した建物の評価額は、5000万円にはならず、通常3000万円程度となります。さらに、貸家として30%の評価減ができるため、評価額は2100万円程度となります。結果的には、4割程度の評価となり、金銭で贈与するより有利です。また、移転後は、収益物件からの収益が受贈者に移転するため、物件の贈与と収益（収入）の贈与が実現することになります。ただし、収益物件の贈与については、建築資金に係る借入金や預り敷金・保証金が通常あるため、「負担付贈与」（No.59参照）とならないようにする配慮が必要になります。

②**業績好調な自社株式・医療法人の出資**……業績が好調で今後も順調に会社が業績を伸ばしていけるような同族会社の場合、将来、オーナーに相続が発生した際には、自社株式の評価が高額になり、多額の相続税の発生が想定されます。株価の水準があまり高くない時期に、後継者に自社の株式を贈与することにより、相続発生時の負担を軽減することができるので、業績のよい会社ほど使うメリットが大きいでしょう。その反面、株価が低下した場合でも、贈与時の高い株価のまま相続財産に合算されるため、価格変動のリスクは存在します。医療法人の出資についても同様です。

相続時精算課税の有効活用法

収益を生む資産を移転する

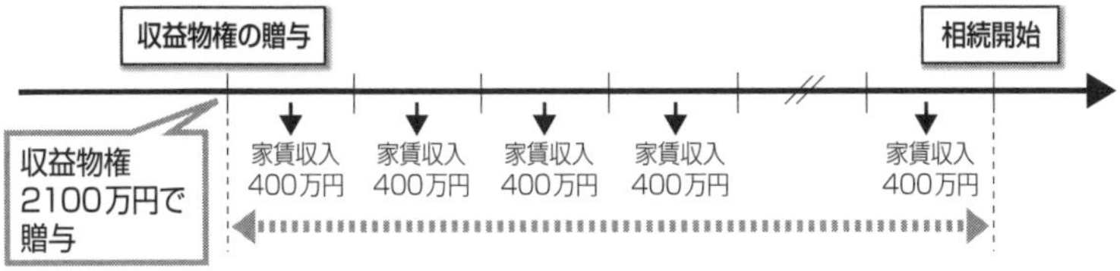

親から子へ、5000万円で建築したアパートを、その評価額2100万円で贈与する場合
(1) 贈与する場合
　①相続時精算課税を利用すれば、特別控除額2500万円以下であるため贈与時に贈与税は課税されない。
　②贈与日以降の家賃収入は子の収入となる。家賃収入は贈与税・相続税の課税を受けない。
　③親の相続財産に加算する金額は、贈与時のアパートの評価額2100万円。
(2) 贈与しない場合
　アパートの相続時の評価額と家賃収入の累計額が相続財産を構成する。
(3) ポイント
　収入を生まないアパートの敷地（土地）は贈与せず、アパート（建物）のみを贈与する。

評価額の上昇が見込める資産を贈与する

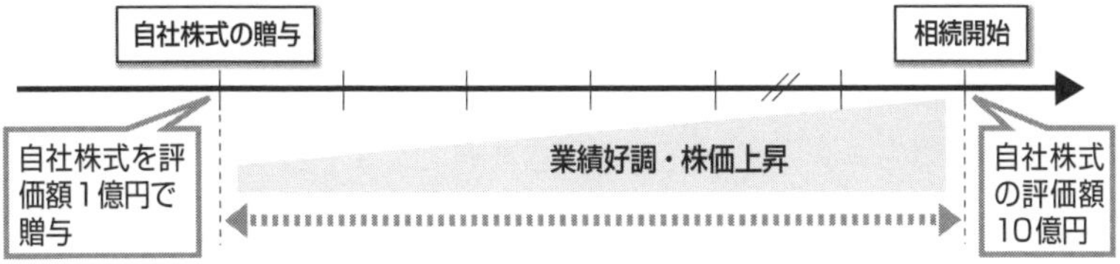

業績好調の自社株式の贈与について
(1) 贈与する場合
　①相続時精算課税を利用すれば、（1億円－110万円－2500万円）×20%＝1478万円の贈与税の負担が生じる。
　②相続時には、贈与時の自社株式の評価額1億円－基礎控除110万円＝9890万円が相続財産に加算される。
(2) 贈与しない場合
　相続時には、相続時の自社株式の評価額10億円が相続財産を構成する。
(3) ポイント
　価値の増加が見込まれる資産だけを贈与する。価値が下がる資産を贈与した場合には逆の効果を生ずる。

Chapter 3

70 生前贈与を相続トラブル回避のために使えないか

相続が発生すると相続財産は、遺言書がある場合には遺言書の内容に従って分割され、遺言書がない場合には相続人全員の協議により分割することになります。近年、相続人全員による分割協議が調わず、家庭裁判所で調停になるケースが増えています。

相続税の申告では、分割協議が調わない場合にも、申告期限において未分割のままで申告書の提出及び納税が必要になります。未分割の状態では、配偶者の税額軽減、小規模宅地等の評価減の特例等の相続税の納税額を大きく減らす効果のある特例が適用できず、多額の納税資金が必要になります。相続税の申告期限から３年以内に分割協議が成立した場合には、これらの特例を適用して一度納付した相続税の還付を受けることはできますが、３年以内に分割協議が調わない場合には多額の相続税を納付したままになってしまいます。

相続税の納税額の問題も大きいですが、それ以上に分割協議でもめた場合には、相続人間の人間関係が完全に破壊されてしまうケースや、被相続人が営んでいた事業の継続に必要な資産が遺産分割により分散されてしまい、事業の安定的な継続が困難になるケースが問題となります。

このような問題を回避するためには、被相続人の意思を明確に残す遺言書を作成することや、相続が発生する前に自分の意思で自分の財産を移転する生前贈与が大変有効です。同族会社の株式のように、分散してしまうと後継者が経営権を安定的に確保できない資産については、暦年課税や相続時精算課税を活用して贈与税・相続税のトータルの負担を抑え、かつ、後継者が確実に承継できるような長期的な事業承継計画が必要になります。

相続トラブルの回避策

家督相続・事業承継

親の世代と子の世代では、相続に関する考え方が異なる。子の世代では長子相続という考え方は希薄であり、相続人間の平等という意識が強い

→ 生前に後継者・事業承継者を指名し、他の相続人には、一定金額を贈与し遺留分を放棄させる。遺言書の作成が必須

→ 株式を事業承継者に生前に移転する

介護者へのお礼等

療養看護等で世話になった相続人への感謝の気持ちをあらわす

→ 生前に贈与を行うことにより、感謝の気持ちを伝えることができる。また、逆に感謝されることもある

特殊な事情がある相続人

先妻の子、非嫡出子、再婚等の特殊な事情がある相続人等がいる場合には、遺産分割で紛争になるケースが多い

→ 生前に贈与を行うことにより、確実に財産を渡すことができ、相続発生後の生活補助を行うことができる

※生前贈与では、親が子から感謝されるというメリットがある。ただし、遺留分の侵害には注意を要する

Chapter 3

71 非上場株式等に係る贈与税の納税猶予の特例措置とは

非上場会社については、事業継続の観点から計画的な事業承継を促すため、非上場株式等の贈与について、一定要件を満たせば、贈与税の納税猶予を受けることができます。

非上場株式等に係る贈与税の納税猶予の特例措置とは、後継者である受贈者が、贈与により、都道府県知事の認定を受ける非上場会社の株式等を先代経営者等から全部又は一定以上取得し、その会社を経営していく場合には、その後継者が納付すべき贈与税のうち、その株式等に対応する贈与税の全額につき、その先代経営者の死亡等の日までその納税が猶予されるという制度です。先代経営者又は後継者の死亡等により、納税猶予されている贈与税の納付は免除されます。

なお、納税猶予期間中にその納税が猶予されている株式を譲渡したり、認定対象会社が資産管理会社に該当したりした場合等は、納税猶予が取り消され、納税猶予税額の全部又は一部と利子税をあわせて納付する必要があるため、適用に当たっては要件を満たし続けることができるかどうか慎重に判断することが大切です。

この制度は、相続税の納税猶予制度（No.50参照）と一体となった制度になっています。計画的に生前贈与により先代経営者から後継者への非上場会社の株式等を移転し贈与税の納税猶予を受け、先代経営者の相続発生時に猶予された贈与税の納付の免除を受け、その株式等について相続税の納税猶予を受けるという流れができます。

また、遺留分に関する民法の特例（No.17参照）とあわせて活用すれば、よりスムーズな事業承継が可能になります。

非上場株式等に係る贈与税の納税猶予の特例措置の概要
（後継者が先代経営者から株式の贈与を受ける場合）

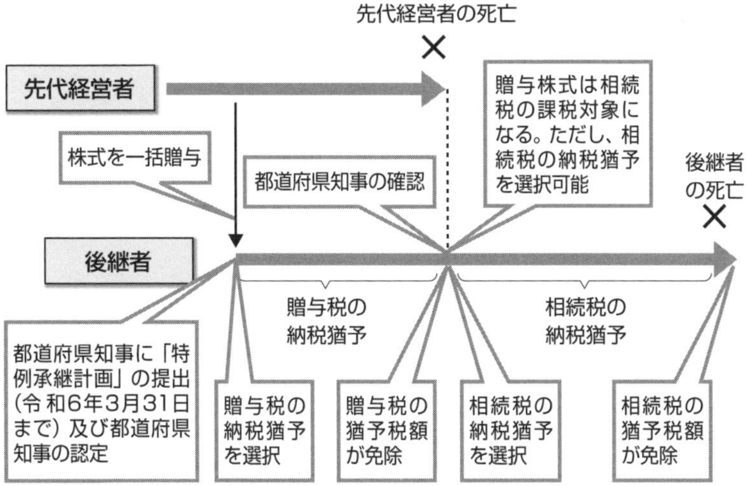

会社の主な要件

ⅰ　令和6年3月31日まで都道府県知事に特例承継計画を提出して確認を受け、認定を受けた中小企業者であること
ⅱ　常時使用する従業員数が1人以上であること
ⅲ　資産保有型会社又は資産運用型会社で一定のものに該当しないこと
ⅳ　この会社の株式等及び一定の特別な関係のある会社が非上場会社であること
ⅴ　この会社及び一定の特別な関係のある会社が風俗営業会社ではないこと　　等

先代経営者である贈与者の主な要件

ⅰ　会社の代表権を有していたこと
ⅱ　贈与の時において会社の代表権を有していないこと
ⅲ　贈与直前において、先代経営者及び同族関係者で総議決権数の50％超の議決権数を保有し、かつ、後継者を除いたこれらの者の中で最も多くの議決権数を保有していたこと　　等

後継者である受贈者の主な要件

ⅰ　18歳以上であること
ⅱ　代表権を有していること
ⅲ　後継者及び同族関係者で総議決権数の50％超の議決権数を保有し、かつ、これらの者の中で最も多くの議決権数を保有することとなること
ⅳ　贈与税の申告期限まで特例の適用を受ける非上場株式等の全てを保有していること
ⅴ　役員等に就任して3年以上経過していること　　等

Chapter 3

72 生前贈与や相続・事業承継対策に活用できる信託とは

近年、生前贈与や相続・事業承継対策において信託を活用することが注目されています。信託とは、自分（委託者：財産を預ける者）の財産（信託財産）を、信頼できる者（受託者：財産を預かる者）に一定の目的（信託目的）のために託して管理・処分等をお願いすることです。そして、この信託の受託者から給付を受ける権利を有する者を受益者といいます。信託された財産の名義は委託者から受託者に移りますが、実質的な所有者は委託者から受益者に移ります。実質的な所有者となる受益者（個人）が、その対価を委託者（個人）に支払わない場合には、受益者に贈与税の課税が発生します。

この場合、贈与税が発生するという点では通常の贈与と同じですが、通常の贈与と異なる点は、贈与であれば受贈者は自由に贈与を受けた財産を管理・処分等できますが、信託の場合は信託目的に従って受託者が管理・処分等をしますので、受益者は実質的な所有者として利益を享受できますが、自由に信託財産を管理・処分等できません。つまり、財産を早めに子に承継（贈与）したいが、贈与後に子が勝手に財産を処分してしまっては困るという場合に、信託を活用すれば生前贈与の税務上の効果を早めに実現させて、かつ、財産の管理・処分等は受託者を通して親が支配することが可能になります。

また、信託では受益者連続型の信託が可能です。委託者が「当初受益者をAとし、Aが死亡した場合には第二次の受益者をBとし、Bが死亡した場合には第三次の受益者をCとする」というふうに、信託契約において受益者が死亡した場合にその受益者の有する受益権が消滅し、他の者が新たな受益権を取得することを定めることにより、実質的な財産の承継者を何世代も先まで指定することが可能になります。遺留分の問題はありますが、財産承継に大きな効果を持つでしょう。

信託のしくみ

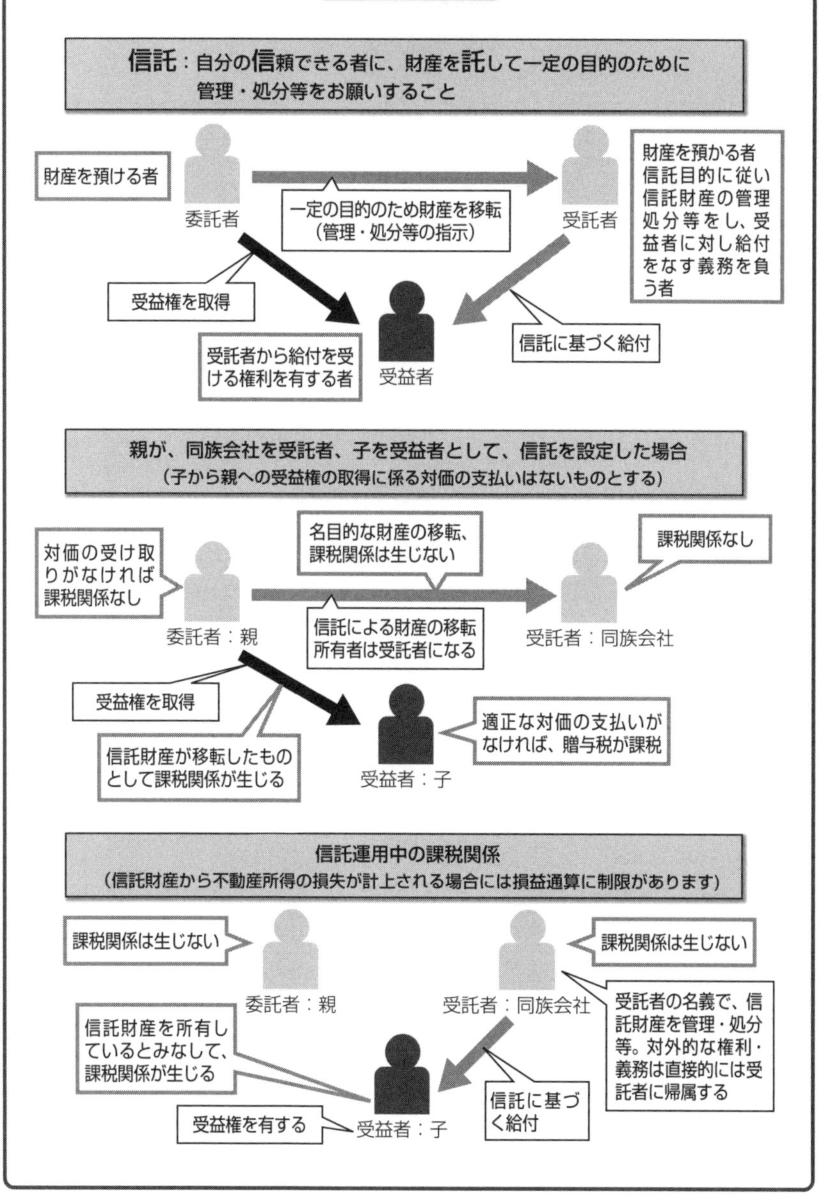
信託：自分の信頼できる者に、財産を託して一定の目的のために
管理・処分等をお願いすること
財産を預ける者
委託者
一定の目的のため財産を移転
（管理・処分等の指示）
受託者
財産を預かる者
信託目的に従い
信託財産の管理
処分等をし、受
益者に対し給付
をなす義務を負
う者
受益権を取得
受託者から給付を受
ける権利を有する者
受益者
信託に基づく給付
親が、同族会社を受託者、子を受益者として、信託を設定した場合
（子から親への受益権の取得に係る対価の支払いはないものとする）
対価の受け取
りがなければ
課税関係なし
委託者：親
名目的な財産の移転、
課税関係は生じない
信託による財産の移転
所有者は受託者になる
課税関係なし
受託者：同族会社
受益権を取得
信託財産が移転したもの
として課税関係が生じる
受益者：子
適正な対価の支払いが
なければ、贈与税が課税
信託運用中の課税関係
（信託財産から不動産所得の損失が計上される場合には損益通算に制限があります）
課税関係は生じない
委託者：親
受託者：同族会社
課税関係は生じない
受託者の名義で、信
託財産を管理・処分
等。対外的な権利・
義務は直接的には受
託者に帰属する
信託財産を所有し
ているとみなして、
課税関係が生じる
受益権を有する
受益者：子
信託に基づ
く給付

Chapter 3

73 贈与と譲渡、どちらで移転すべきか

課税される税目は、贈与と譲渡では異なります。

贈与をすれば、贈与により財産を取得した者に贈与税が課税されます。

譲渡により譲渡益を生ずれば、譲渡した者に所得税が課税されます。譲渡損失になった場合には、一定の条件の下で、損益通算できることになります。ただし、不動産の譲渡損失については、不動産の譲渡益との通算は認められますが、原則として、不動産以外の譲渡益や給与所得等の他の所得との通算及び翌年以降への繰越しは認められていませんので注意が必要になります。

取得価額の引き継ぎについても、贈与と譲渡で異なります。

取得価額は、その資産の取得に要した金額ですので、通常は、購入時に支払った代金に購入付随費用を加えた金額です。

贈与により取得した場合の取得価額は、次のようになります。

個人からの贈与により取得したものについては、原則として、元の持ち主の取得価額を引き継ぎます。法人からの贈与により取得したものについては、取得した個人の一時所得となり、所得税が課税されます。法人からの贈与の場合、取得価額の引き継ぎはなく、時価で取得したものとされますので、贈与時の時価が取得価額となります。

贈与では、贈与者が、法人か個人かで課税関係、取得価額の引き継ぎなどの取扱いが異なります。

会社を退職した親が、多額の含み損のあるゴルフ会員権を所有しているとします。親の収入は、年金が主たるもので、所得税も少額です。一方、子は所得も多く、多額の所得税を納付しています。このような場合には、親から子に会員権を贈与し、子がその取得価額を引き継いだ会員権を売却すること

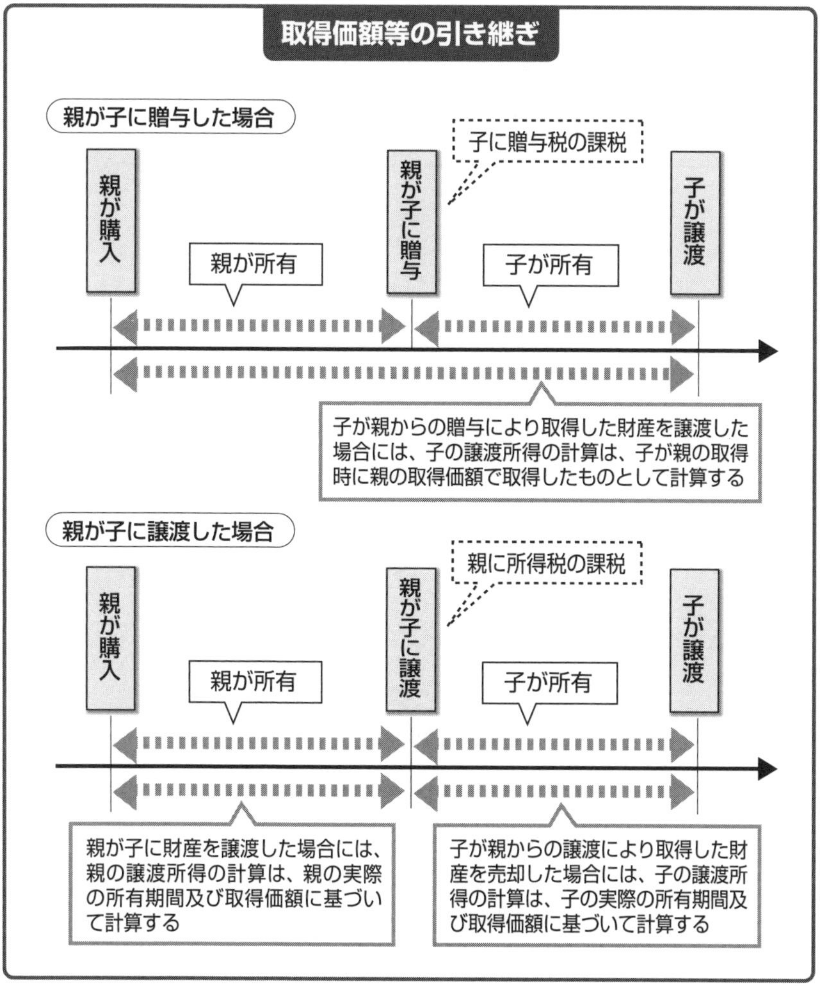

により、子に譲渡損失を計上でき、節税が可能となります。子がサラリーマン（給与所得者）であっても、簡単な確定申告をすることにより、源泉所得税の還付を受けることができます。

所得税は累進課税によるため、所得が高い人に損失を計上するほど、節税効果が大きくなるのです。

Chapter 3

74 含み損がある財産を贈与するか、譲渡するか

含み損がある財産を、贈与又は譲渡するケースを考えてみます。

時価2500万円、相続税評価額2000万円、取得価額6500万円の土地があるとします。この土地を、親から子に相続税評価額2000万円で暦年課税により贈与した場合と相続時精算課税により贈与した場合の税負担は、以下のようになります。時価の2500万円で子に譲渡した場合も示しておきます。贈与税の財産評価では相続税評価額を使い、譲渡の対価は時価で行うのが原則になります。

暦年課税	585万5000円*（贈与税）
相続時精算課税	ゼロ（贈与税）
時価で譲渡した場合	ゼロ（所得税等）損失4000万円

上記に示すように、暦年課税により贈与した場合には、贈与税額として税額が発生しますが、相続時精算課税により贈与しても、時価で子に譲渡しても税額はゼロです。しかし、このゼロの中身はやや異なります。

相続時精算課税による贈与では、子は1円も支払うことなく、土地を取得できます。しかし、時価で子に譲渡した場合には、子は親に2500万円を支払い、親は2500万円を受け取っています。

親の所得税の計算上、譲渡所得は4000万円の譲渡損失が発生するため、含み益のある他の土地・建物を同年中に譲渡するのであれば、内部通算によりその含み益に対する譲渡所得税を圧縮することができます。

結局、贈与では、親の贈与税・所得税の課税関係にはなんら影響を与えませんが、時価で子に譲渡した場合には、親は4000万円の含み損を譲渡損失として計上できます。

含み損のある資産の譲渡・贈与

左ページの課税関係を表にまとめると、以下のようになる

<table>
<tr><td rowspan="5">贈与した場合</td><td rowspan="2">親の課税</td><td>贈与税</td><td colspan="3">課税なし</td></tr>
<tr><td>所得税</td><td colspan="3">課税なし</td></tr>
<tr><td rowspan="3">子の課税</td><td rowspan="2">贈与税</td><td>暦年課税</td><td>585万5000円＊</td><td>(2000万円−110万円)×45%−265万円=585万5000円</td></tr>
<tr><td>相続時精算課税</td><td>0円</td><td>2000万円−110万円−1890万円=0円</td></tr>
<tr><td>所得税</td><td colspan="3">課税なし
将来譲渡した際には、親の取得価額、取得時期を引き継ぎ、取得価額は6500万円となる（将来、含み損を子が実現することも考えられる）</td></tr>
<tr><td rowspan="5">譲渡した場合</td><td rowspan="2">親の課税</td><td>贈与税</td><td colspan="3">課税なし</td></tr>
<tr><td>所得税</td><td>譲渡損失
4000万円</td><td colspan="2">2500万円−6500万円
＝△4000万円</td></tr>
<tr><td rowspan="3">子の課税</td><td rowspan="2">贈与税</td><td>暦年課税</td><td colspan="2">課税なし</td></tr>
<tr><td>相続時精算課税</td><td colspan="2">課税なし</td></tr>
<tr><td>所得税</td><td colspan="3">課税なし
将来譲渡した際には、取得価額、取得時期の引き継ぎはなく、取得価額は2500万円となる</td></tr>
</table>

※注意点
贈与又は譲渡について、税負担の損得を比較するには、その贈与又は譲渡する財産以外についての親と子のそれぞれの現在及び将来の財産の状況等を総合的に考慮しなければ判断することができない

＊特例税率で計算（No.57参照）

Chapter 3

75 含み益がある財産を贈与するか、譲渡するか

前項とは反対に、含み益がある財産を、贈与あるいは譲渡する場合を考えてみます。

時価2500万円、相続税評価額2000万円、取得価額500万円の土地があるとします。この土地を、親から子に相続税評価額2000万円で暦年課税により贈与した場合、相続時精算課税により贈与した場合の税負担は以下のようになります。時価の2500万円で子に譲渡した場合も示しておきます。

暦年課税	585万5000円（贈与税）
相続時精算課税	ゼロ（贈与税）
時価で譲渡した場合	406万円（所得税等・概算）

親の代から相続で取得した土地などの場合は、譲渡するとほとんどの場合譲渡益が出ます。このような低い価格で取得した資産については、相続時精算課税により贈与すると移転時の税負担が少なくなる可能性が高いと考えられます。

有利になるかどうかを判定するポイントは、相続が発生した場合に相続税が課税されるかどうかという点です。つまり、相続時精算課税の適用を受けた財産と手元の財産の合計額が、基礎控除額（3000万円+600万円×法定相続人の数）以下であれば、仮に相続時精算課税を活用して財産を移転したときに贈与税が発生しても、相続時に還付を受けられますから、結局は無税で資産の移転ができることになります。また、相続税が課税される場合には、適用される相続税の税率と暦年課税による贈与税の税率を比較し、より低い税負担により移転する方法を検討することが必要になります。

一方、高い価格で取得し、現時点では時価が低い土地・建物の場合は、譲渡することでその差損を実現し、他に土地・建物の譲渡所得がある方にとっ

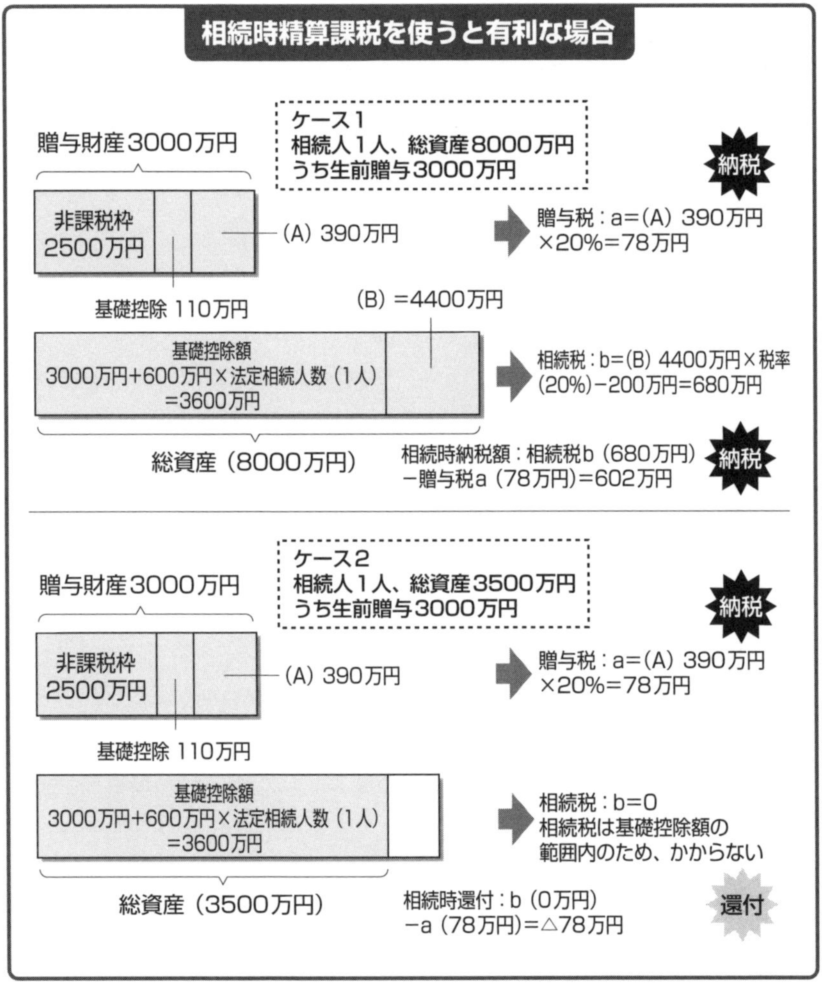

では、内部通算によって大きな節税効果が期待できます。

財産の譲渡・贈与の検討では、どの財産に含み益・含み損があり、含み損を実現する場合、誰の所得で実現するかを把握しておくことが大切です。

＊特例税率で計算（No.57参照）

76 贈与税の申告書は、いつまでにどこに提出するのか

贈与税については、暦年課税の場合、1暦年間（1月1日～12月31日まで）に、個人からの贈与により取得した財産の価額が、110万円の基礎控除額を超える場合に申告が必要となります。

一方、相続時精算課税の場合、いったん相続時精算課税の選択、届出をしたら、その後の贈与については、金額を問わず申告することが必要です。ただし、令和6年以後の贈与については基礎控除額（110万円）以下の贈与については申告不要です。

贈与税の申告は、贈与を受けた年の翌年2月1日から3月15日までにその贈与を受けた者の住所地の所轄税務署に提出して行い、同日までに贈与税を納税します。

ところで、贈与により財産を取得したのに、申告をしなかった場合はどうなるでしょう。

不動産を贈与した場合は、登記により贈与をした事実が税務署に把握され、贈与税が課税されることになります。では、200万円～300万円の現金を贈与した場合はどうでしょうか。実際、その程度の現金では税務署でその事実を把握することは困難なため、贈与税を課税される可能性は低いかもしれません。しかし、申告していなかったことを指摘された場合には、本来の税額に加えて無申告加算税等の附帯税の対象になります。仮に贈与時の贈与税の課税を免れたとしても、相続が発生した場合には、贈与税の申告をしていないのでその時点の贈与は認められないとして、後から相続税の課税を受ける可能性があります。

相続税が課税されることが想定される人については、相続が発生した場合に適用される相続税の税率より、低い贈与税の税率が適用される財産を計画

贈与税の申告と生前贈与の活用

贈与税の申告

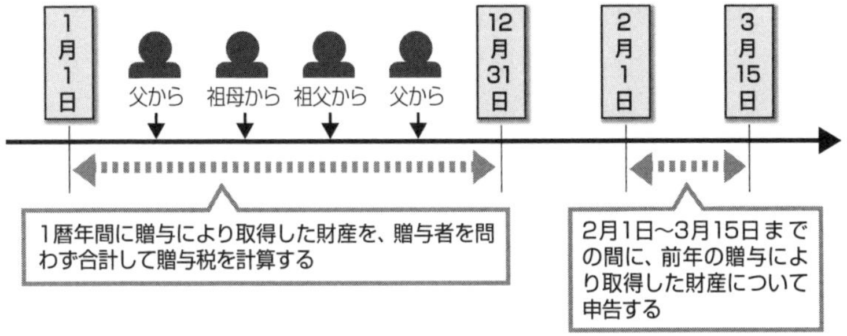

生前贈与を活用した節税の計算例

相続財産が6億円。子が3人で、子にそれぞれ配偶者と孫が2人ずついる人を想定。子の配偶者のうち1人を養子にしているケース
法定相続人は、子3人＋養子1人＝4人となる

●生前贈与をしないで、相続が発生した場合

相続税の計算
「課税遺産」
6億円－5400万円=5億4600万円
「各法定相続人の相続税額」
5億4600万円×1/4×40%－1700万円=3760万円
「相続税の総額」
3760万円×4人分=1億5040万円

●子、子の配偶者、孫の合計12人に毎年250万円ずつ生前贈与を20年間した場合

贈与税額の計算
「各受贈者の1年間の贈与税額」
（250万円－110万円）×10%＝14万円
「20年間の贈与税の総額」
14万円×12人×20年＝3360万円

これは極端な例だが、生前贈与を活用する場合と活用しない場合で、納税額で1億円の違いが生じる。ポイントは、少額の贈与を多人数に対してできるだけ長い年数に分けて行うこと。また、贈与の事実が問題になるため、毎年、確実に贈与税の申告をし、実際に贈与された財産を、受贈者が管理・使用等することが重要となる

的に贈与し、贈与税の申告・納税をしておくほうが、結局は相続税・贈与税トータルの納税額を減らすことができると考えるべきでしょう。

さらに、贈与税の配偶者控除等の特例については、期限内に申告書を提出することが特例の適用要件になっていますので注意が必要です。また、相続時精算課税を選択して無申告だった場合、特別控除の適用はなく、一律20%の課税となります。

COLUMN

名義預金と贈与

相続財産を減らすために、子や孫の名義で贈与税の基礎控除額である110万円以下でせっせと預金をしているというケースも多いようです。しかし、本当に贈与をしていたといえるのか、単なる名義預金ではないかというのは税務調査でよく争われるポイントです。贈与事実の認定の問題です。

贈与は、贈与者と、受贈者の双方で「あげる、もらう」という認識がなければ、贈与契約そのものがないことになります。つまり、子・孫が本当にもらったという認識がなければ贈与ではないのです。

また、その預金を誰が管理していたかということも、名義預金か否かの重要なポイントになります。贈与者の住んでいる近くの金融機関で口座を開設しており、しかも、口座開設の手続きも贈与者が行い、さらに、通帳と印鑑も贈与者が管理し、何かあったときに贈与者がその預金を引き出して使っていたということになれば、これは明らかに名義預金だといえるでしょう。

これが相続税の税務調査でわかれば、もちろん被相続人の固有の財産が申告漏れになっているということで指摘を受けることになるでしょう。過少申告加算税が課され、最悪のケースは、重加算税を課された上に配偶者の税額軽減の規定が使えないというケースもあります。

名義株式というのも、相続税調査でよく争われるポイントです。名義株式の場合には、証券会社の取引状況、相続人名義株式の配当金の収受管理状況、相続人名義株式の取得資金の状況等を総合的にかんがみて、相続財産なのか、贈与された財産なのかの判断をされてしまいます。

また、今後数年間にわたり毎年××円ずつ贈与をするという贈与契約書を親と子で結んでしまうと、連年贈与（定期金の給付）として、贈与契約締結時に全額が贈与として課税されることになりますので、注意してください。

第4章

財産評価のしくみ

Chapter 4

77 土地の評価はどのように行われるか

土地の評価額には、**実勢価格**（取引価格）、**公示価格**、**基準地価格**、**路線価**、**固定資産税評価額**といった複数の価格指標があります。このうち、相続税・贈与税において使用される評価額は、路線価と固定資産税評価額です。

公示価格とは、毎年1月1日現在の宅地標準地について国土交通省が公表する正常価格のことをいい、民間取引の指標とされています。

基準地価格とは、都道府県知事が基準地を選択し、毎年7月1日現在の宅地基準地について公表する標準価格のことをいいます。これらのデータは、国土交通省土地総合情報システムのホームページで閲覧できます。

固定資産税評価額とは、各市区町村が固定資産税を課税するための基礎となる価格のことで、市区町村長により決定され、市区町村に備えられた固定資産税課税台帳に登録されます。また、固定資産税納税通知書に記載されています。宅地については、公示価格の7割を目安に設定されています。

相続税評価額とは、土地の現況地目に応じて財産評価基本通達の規定に基づく**路線価方式**又は**倍率方式**によって算定された価格をいいます。土地は原則として、「宅地」「田」「畑」「山林」「雑種地」などの地目ごとに評価します。またその地目は、登記簿上の地目ではなく、現況により判断します。

路線価は、道路ごとに、その道路に面している標準的な宅地の1平方メートル当たりの千円単位の価額として設定されています。路線価方式では、その土地に接する道路の路線価にその土地の地積を乗じてその土地の評価額を算定します。**路線価**は、公示価格の8割を目安に設定されており、その土地の形状や位置により一定の調整を行います。**倍率方式**は、固定資産税評価額に一定の倍率を乗じて評価額を算定する方法です。路線価と倍率については、国税庁から毎年7月頃公表され、国税庁のホームページで閲覧できます。

一般的な土地の評価方法

土地の価格

土地の価格の指標	使用目的等
公示価格	毎年、1月1日現在の宅地標準地について国土交通省が公表する正常価格のこと。 土地取引の価格指標として使用されたり、不動産鑑定士等の鑑定評価や公共用地の取得価格などを決める際のよりどころとなる。
基準地価格	毎年7月1日現在において宅地基準地について都道府県知事が公表する標準価格のこと。 土地取引の価格指標として使用される。
路線価	相続税や贈与税の財産評価に使用される。 毎年7月頃に国税庁から公表される。 公示価格の8割を目安に設定されている。
固定資産税評価額	各市区町村が固定資産税を課税する際の基礎となる価格。 公示価格の7割を目安に設定されている。

相続税・贈与税における土地の評価

(1) 評価方式

路線価方式	その土地に接する道路の路線価にその土地の地積を乗じて、評価額を算出する。
倍率方式	その土地の固定資産税評価額に一定の倍率を乗じて評価額を算出する。

(2) 評価単位

土地の評価は原則として、「宅地」、「田」、「畑」、「山林」、「原野」、「牧場」、「池沼」、「鉱泉地」、「雑種地」の現況の地目別に評価する。しかし、利用状況によっては、2以上の地目からなる土地を一団の土地として一体で評価する場合もある。

Chapter 4

78 宅地の評価はどのような単位で行うか

宅地の評価は、利用単位ごとに行います。分筆の有無は問いません。評価単位によって評価額は変わります。

ただし、相続・遺贈・贈与により取得した宅地については、原則として、その取得した者ごとに判定します。すなわち、遺産分割によるその宅地の分割のしかた次第で、評価額も変わる可能性があります。

①所有する宅地を自分で使用している場合……その全体

②所有する宅地の一部について借地権を設定し、他の部分を自分で使用している場合（一部を貸家の敷地、他の部分を自分で使用している場合も含む）……それぞれの部分

③所有する宅地の一部について借地権を設定させ、他の部分を貸家の敷地としている場合……それぞれの部分

④借地権の目的となっている宅地で貸付先が複数ある場合……同一人に貸し付けられている部分ごと

⑤貸家建付地を評価する場合で貸家が数棟ある場合……各棟の敷地ごと

⑥２以上の者から隣接している土地を借りてこれを一体として利用している場合

・その借主の借地権の評価……その全体

・貸主側の貸宅地の評価……各貸主の所有する部分ごと

⑦共同ビルの敷地の用に供されている場合……その全体

⑧所有する宅地の一部を自分で使用し、他の部分を使用貸借により貸し付けている場合……その全体

⑨所有する宅地に隣接する宅地を使用貸借により借り受け、所有する宅地と一体として利用……所有する土地のみ

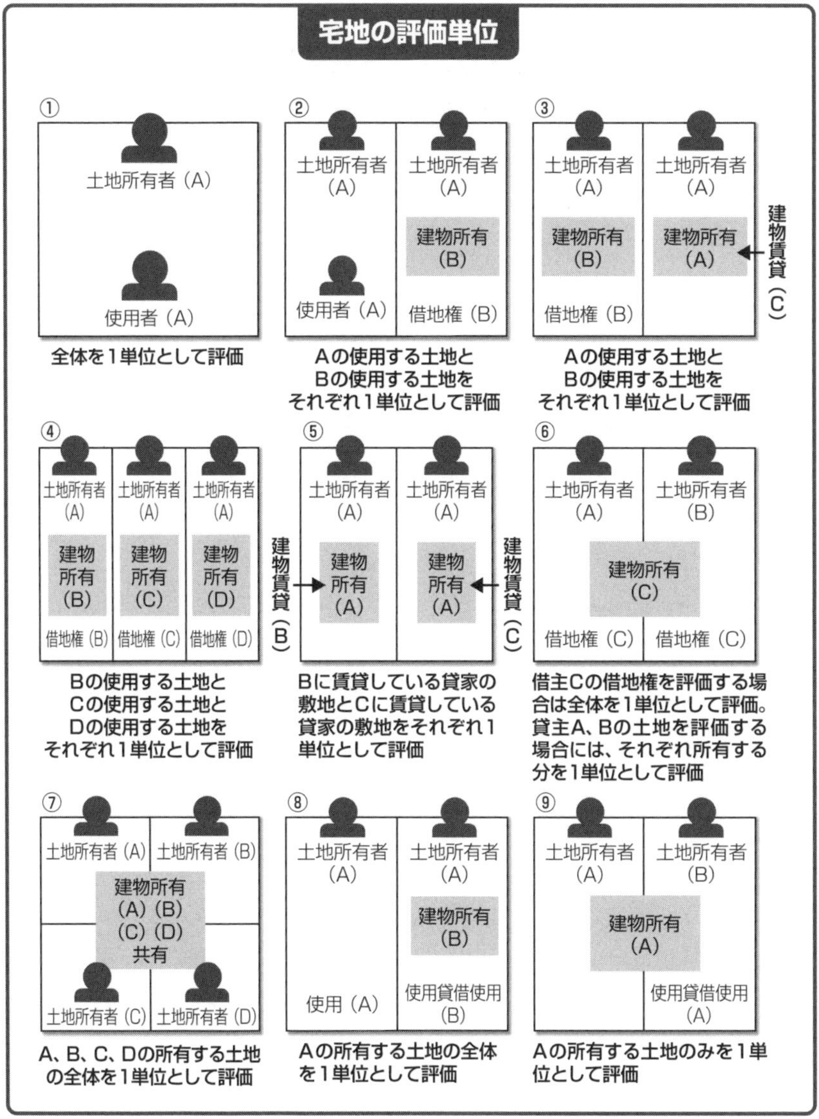

なお、使用貸借にかかる使用権の価額は、ゼロとされ、使用貸借により貸し付けている宅地の価額は自用地価額で評価します。

79 路線価方式又は倍率方式で土地を評価するには

相続財産に土地がある場合の評価方法は、路線価方式又は倍率方式によりますが、実際にどちらの方式で評価するのかを判定するためには、税務署に備え付けられている**財産評価基準書**を調べることになります。国税庁のホームページでも閲覧することができます。

この財産評価基準書は、**路線価図**と**評価倍率表**の２つからなっています。

評価対象となる土地の所在する評価倍率表の該当箇所を調べれば、その土地を路線価方式で評価すべきか倍率方式で評価すべきかが記載されています。**倍率方式**による場合には、固定資産税評価額に乗ずべき倍率が記載されています。その土地の固定資産税評価額にその倍率を乗じて計算した金額が、その土地の相続税評価額になります。また、**路線価方式**によるべき旨が記載されている場合には、路線価図の該当箇所を調べることになります。

路線価図とは、右のように、道路に金額（1000円単位で記載されている金額が路線価）が付されている地図です。評価対象の土地が接している道路の路線価に土地の状況に応じた各種の補正を加え、その土地の地積（㎡）を乗じて計算した金額が、その土地の相続税評価額になります。

また、この路線価図の路線価の金額には、Ａ～Ｇの記号が付されています。この記号はその道路に接する土地の**借地権割合**をあらわしています。評価対象の土地が借地権等である場合には、このＡ～Ｇの記号に応じた借地権割合（90%～30%）を使用してその土地を評価することになります。

さらに、路線価図には、その地域の土地の利用状況等により、ビル街地区、高度商業地区、繁華街地区、普通商業・併用住宅地区、中小工場地区、大工場地区、普通住宅地区といった**地区区分**が、路線価の金額を囲む丸、菱形、長方形等といった図形で示されています。この地区区分により、その地

倍率表と路線価図の例

令和 5年分

倍　率　表

市区町村名：八王子市　　　　八王子税務署

音順	町（丁目）又は大字名	適用地域名	借地権割合	固定資産税評価額に乗ずる倍率 宅地	田	畑	山林	原野	牧場	池沼
			%	倍	倍	倍	倍	倍	倍	倍
は	八幡町	全域	－	路線	比準	比準	比準	比準		
	初沢町	市街化調整区域								
		1　初音橋以北で初沢川以東の地域	50	1.2	－	中　24	中　22	中　22		
		2　上記以外の地域	50	1.1	－	中　23	純　10	純　10		
		市街化区域								
		1　一部	－	路線	比準	比準	比準	比準		
		2　上記以外の地域	60	1.1	比準	比準	比準	比準		
ひ	東浅川町	全域	－	路線	比準	比準	比準	比準		

路線価方式により評価すべきことを示している。

倍率方式により評価すべきことを示している。

路線価図

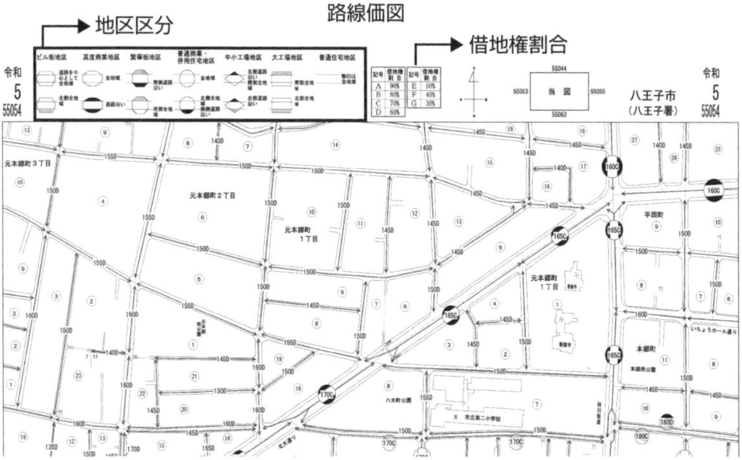

域における標準的な土地の利用形態が異なることから、それに応じた**補正率**や**評価方法**が定められています。

Chapter 4

80 路線価方式による評価の補正のしかたは

路線価方式による評価は、原則として、「路線価×土地の地積」で計算されます。しかし、土地の形状によってはその利用に制限があったり、使い勝手が悪かったりすることがあります。逆に、2つの道路に接し、非常に使い勝手が良い土地もあります。

土地の評価は、その土地がどの地区区分にあるかということと、間口・奥行距離、道路とどのように接しているかということによって決定されるといっても過言ではありません。

このような土地の価値の増額要因や減額要因を、土地の評価において実際に補正していくわけです。

奥行価格補正という補正方法があります。これは地区区分ごと、すなわち土地の所在する地域の特性ごとに、奥行距離の長短による利用価値に差異が出てくるため、これを補正するものです。そのため、財産評価基本通達において、奥行価格補正率が定められています。

いわゆる「角地」の場合には、2つの道路に接して利用価値が高まるため、**側方路線影響加算**を行います。この場合は、まず、奥行価格補正率を加味した路線価が高い方の道路を正面路線とします。次に、決定された正面路線の路線価に対し奥行価格補正を行います。そして、その上で側方路線影響加算を行うわけです。この補正にあたっては、側方路線影響加算率を適用します。

正面、裏面の2つの道路に接した土地の場合にも、利用価値は高まります。この場合には**二方路線影響加算**を行います。手順は、側方路線影響加算と同様に、まず、奥行価格補正率を加味した路線価が高い方の道路を正面路線とします。次に、決定された正面路線の路線価に対し奥行価格補正を行い

評価の補正

奥行距離による補正

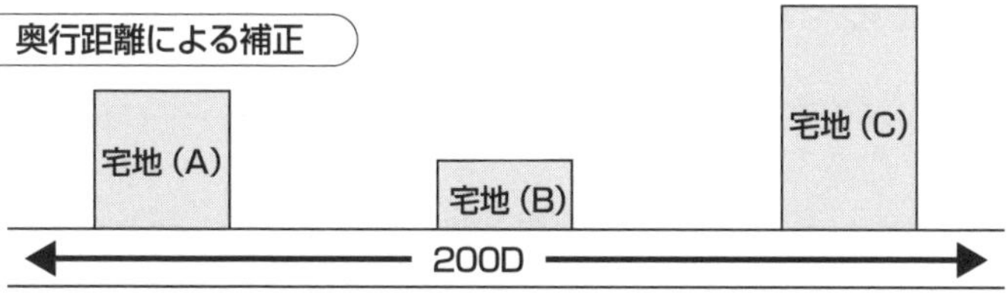

上記のような宅地（A）、（B）、（C）があった場合には、道路からの奥行距離により、その土地の効用に差が生じるため、一律に正面路線価に地積を乗じた評価額で評価することが適当でない場合がある。よって、正面路線価に道路からの奥行距離に応じた奥行価格補正率を乗じて評価額を調整することになる。

土地の評価額＝正面路線価×奥行価格補正率×地積

2以上の路線に接している場合の補正

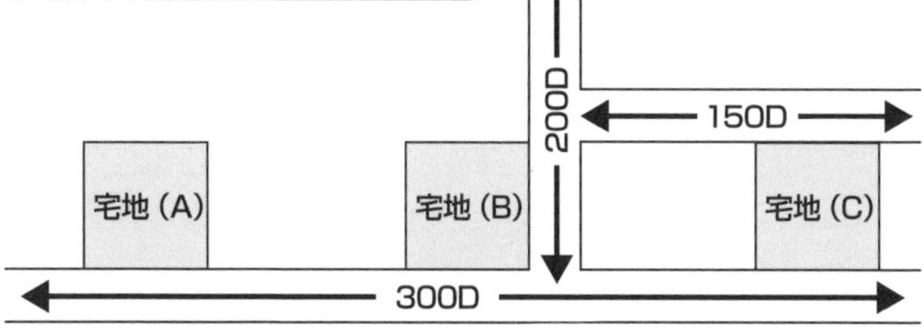

上記のような宅地（A）、（B）、（C）があった場合には、1つの路線に接する宅地（A）よりも、側面も路線に接する宅地（B）や裏面も路線に接する宅地（C）のほうが効用が高いと考えられる。
2以上の路線に接する土地を評価する場合には、まず、それぞれの接する路線の路線価に奥行価格補正率を乗じた金額を計算し、その金額の高い路線を正面路線とする。正面路線が決まったら、以下の算式のように側方路線影響加算率や二方路線影響加算率を使って、側方路線・裏面路線の影響を評価額に反映する。

宅地（A）の評価額＝正面路線価×奥行価格補正率×地積
宅地（B）の評価額＝（正面路線価×奥行価格補正率＋側方路線価×奥行価格補正率×側方路線影響加算率）×地積
宅地（C）の評価額＝（正面路線価×奥行価格補正率＋裏面路線価×奥行価格補正率×二方路線影響加算率）×地積

ます。その上で、二方路線影響加算を行うわけです。この補正にあたっては、二方路線影響加算率を適用します。

Chapter 4

81 貸家建付地・貸宅地の評価

土地の利用形態は、**自用地**・**貸家建付地**・**貸宅地**に区分されます。評価方法も、その利用形態によって異なることになります。

自用地とは、自分で使用している宅地をいいます。なお、第三者に貸している土地であっても使用貸借である場合には、自用地評価となります。

貸家建付地とは、貸家の目的とされている宅地、すなわち、所有する土地に建築した家屋を第三者に貸し付けている場合の、その土地のことをいいます。家屋に借家権があることで、自用地に比べその土地の処分や利用が制限されることから、一定の評価額の引き下げが行われます。

貸家建付地の評価額は、次のように計算します。

貸家建付地の評価額＝自用地評価額×（1－借地権割合×借家権割合×賃貸割合）

このうち「**借地権割合**」は、路線価図や評価倍率表により確認します。「借地権割合」は90%～30%の範囲で定められています。「借家権割合」は全国一律30%と定められています。

貸家が空いてしまった場合には、その土地の利用を制限する借家人はいなくなるため、通常どおり自用地評価となります。ただし、継続的に賃貸されていたアパート等の一部が一時的に空いており、次の借家人を募集しているような場合には、継続して貸家建付地として評価することが可能です。

「**賃貸割合**」は、その各独立部分がある場合に、その各独立部分の賃貸状況に基づいて評価します。賃貸割合は、次のように計算します。

$$賃貸割合＝\frac{（A）のうち賃貸されている各独立部分の床面積の合計}{当該家屋の各独立部分の床面積の合計（A）}$$

貸家建付地・貸宅地の評価例

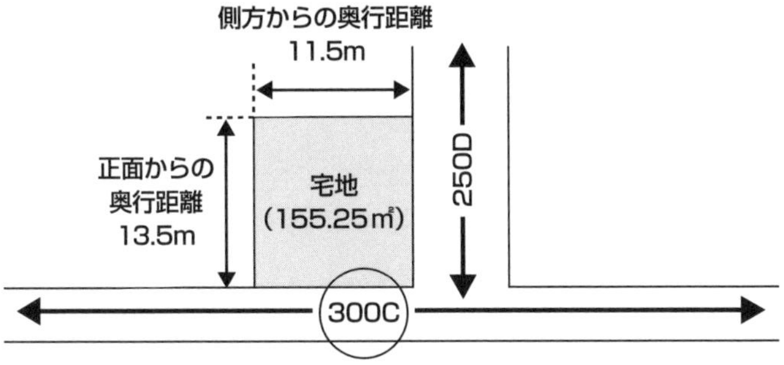

①まず、正面路線を決定する。奥行価格補正率を考慮した後の路線価が高いほうが正面路線になる

300千円×1.00=300千円　>　250千円×1.00=250千円
∴300千円の道路が正面路線となる。

※300千円の路線価の道路は、○印で路線価が囲まれており、地区区分が普通商業・併用住宅地区であることを示している。250千円の路線価の道路は、無印であるため、普通住宅地区であることを示している。奥行価格補正率は地区区分ごとに定められているため、正面路線を判定する場合には、それぞれの地区区分の奥行価格補正率を使用する。

②自用地としての宅地の評価額は以下の算式で計算できる（No.80参照）

(300千円×1.00+250千円×0.99×0.08)×155.25㎡=49,648,950円

※正面路線と側方路線が異なる地区区分に属する場合には、正面の路線の属する地区区分により評価する。奥行価格補正率、側方路線影響加算率、二方路線影響加算率、間口狭小補正率等の種々の補正率も、すべて正面路線の属する地区区分による。

③貸宅地としての評価額

49,648,950円×(1−借地権割合0.7)=14,894,685円

※正面路線と側方路線の借地権割合が異なる場合には、正面路線の借地権割合による。路線価図の金額の後のアルファベットが借地権割合を示しており、Cは70%であることを示している。

④貸家建付地としての評価額

49,648,950円×(1−借地権割合0.7×借家権割合0.3×賃貸割合1.0)=39,222,670円

※賃貸割合は100%として試算している。

貸宅地とは、借地権の目的となっている他に貸している宅地をいいます。貸宅地の評価額は自用地評価額から借地権の評価額を控除して計算します。

貸宅地の評価額＝自用地評価額×（1 −借地権割合）

Chapter 4

82 借地権の評価

借地権とは、建物の所有を目的とする**地上権**又は**土地の賃借権**をいいます。「地上権設定契約」によれば地上権としての借地権となり、「土地賃貸借契約」であれば賃借権としての借地権となります。

借地権は**借地借家法**によりその存続期間が保証され、借地期間が満了しても地主側に正当事由がなければ更新されます。すなわち借地権は、1つの権利として価値があり、相続税・贈与税の課税対象財産とされます。

借地権は、①旧借地法に基づく借地権、②借地借家法に基づく普通借地権、③借地借家法に基づく一般定期借地権、④借地借家法に基づく事業用定期借地権、⑤借地借家法に基づく建物譲渡特約付借地権、⑥借地借家法に基づく一時使用目的の借地権の6つに分類されます。①、②を「借地権」、③～⑥を「定期借地権等」といいます。

借地権の評価額は、借地権の目的となっている土地の更地価額である自用地評価額に借地権割合を乗じて求めます。この借地権割合は、借地事情を勘案して地域ごとに90%～30%の範囲で定められ、路線価図や評価倍率表に記載されています。なお、路線価図では、路線ごとにA～Gのアルファベットで表示されています。借地権の評価額の計算は次のとおりです。

借地権の評価額＝自用地評価額×借地権割合

土地を借りて、アパートを建て、第三者に賃貸している場合の貸家の敷地となっている借地権の場合には、「貸家建付借地権」として次のように計算します。

貸家建付借地権の評価額＝自用地評価額×借地権割合×（1－借家権割合×賃貸割合）

借地権の評価

通常の場合の借地権及び貸宅地の評価

借地権の評価額＝自用地評価額×借地権割合

貸宅地の評価額＝自用地評価額×（1－借地権割合）

「無償返還届出書」が提出されている場合又は「相当の地代」が支払われている場合の借地権及び貸宅地の評価

借地権の評価額＝ゼロ

同族会社の株価算定上の借地権の評価額＝自用地評価額×20%

貸宅地の評価額＝自用地評価額×（1－20%）

「無償返還届出書」とは、借地権の設定等にかかる契約書において、将来借地人等がその土地を無償で返還することが定められている場合に、その旨を地主と借地人が連名で納税地の所轄税務署長に提出する届出書のこと。この届出書が提出されている場合には、借地権の評価額はゼロであるとして、法人税において借地権の設定にかかる権利金の認定課税を行わないこととされている。

「相当の地代」とは、土地の更地価額に対しておおむね年6%程度の地代をいう。この「相当の地代」を支払っている場合には、借地権の評価額はゼロであるとして、法人税において借地権の設定にかかる権利金の認定課税を行わないこととされている。

法人税における借地権の設定にかかる権利金の認定課税とは、通常、借地権の設定に伴い権利金を収受する慣行があるにも係らず、権利金を収受しなかった場合には、収受したものと認定して法人税を課税することをいう。

Chapter 4

83 定期借地権等の評価

定期借地権とは、借地期間の更新制度がなく、期限が決まっている借地権です。地主と借地人との契約期間が終了すれば借地権は消滅し、更地となります。

定期借地権等の価額は、原則として、課税時期において借地権者に帰属する経済的利益とその存続期間を基礎にして評価します。

ただし、課税上弊害がない場合に限り、簡便法として次の算式により計算した金額で評価することが認められています。

定期借地権の評価額＝自用地評価額×定期借地権割合×定期借地権の逓減率

なお、定期借地権割合と定期借地権の逓減率は、以下のとおりです。

$$\text{定期借地権割合}=\frac{\text{定期借地権設定時に借地人に帰属する経済的利益の総額}}{\text{定期借地権設定時におけるその宅地の通常の取引価額}}$$

$$\text{定期借地権の逓減率}=\frac{\text{課税時期における定期借地権の残存期間年数に応ずる基準年利率による複利年金現価率}}{\text{定期借地権の設定期間年数に応ずる基準年利率による複利年金現価率}}$$

この簡便法は、定期借地権等の設定時に、借地人に帰属する経済的利益に基づいて定期借地権割合を算定し、この割合を定期借地権設定時から課税時期までの経過年数に基づいて逓減する方法です。したがって、権利金の追加払いがある場合や自然発生的な差額地代が生じている場合等のように、定期借地権設定時と課税時期の間で、借地人に帰属する経済的利益に特別な変化がある場合には簡便法は適用できず、原則法により評価することになります。

借地権・定期借地権等の分類

区分／項目	旧借地法	借地借家法			
	借地権	普通借地権	定期借地権等		
			一般定期借地権	事業用定期借地権	建物譲渡特約付借地権
存続期間	堅固建物30年以上 その他建物20年以上	30年以上	50年以上	10年以上50年未満	30年以上
利用目的	限定なし	限定なし	限定なし	事業用に限定（居住用を除く）	限定なし
更新	法定更新	法定更新	なし	なし	なし
終了事由	正当事由が必要	正当事由が必要	期間満了により終了	期間満了により終了	建物譲渡により終了
契約書様式	制限なし	制限なし	特約を書面でする	公正証書による	制限なし

なお、経済的利益には、定期借地権設定に際し、借地人から土地所有者に対して、返還を要しないものとして支払われた権利金や礼金等が含まれます。

Chapter 4

84 無道路地の評価

相続した土地の中には、道路に接していない宅地や接道義務を満たしていない宅地が含まれている場合があります。これらの宅地を無道路地といいます。

道路に接していない場合や接道義務を満たしていない場合、建築基準法上、建築不可あるいは建築に著しい制限を受けることから、実勢価格は非常に低いものとなってしまいます。したがって、相続税における財産評価上も、相当の減額がされることになります。

無道路地の価額は、実際に利用している路線の路線価に基づき不整形地の評価の定めによって計算した価額から、建築基準法において規定されている接道義務に基づき最小限度の通路を開設あるいは拡幅する場合のその通路に相当する部分の価額（路線価に通路開設部分の地積を乗じた価額）を控除して評価します。

具体的な手順は次のとおりとなります（右図参照）。

(1) 無道路地と前面宅地を合わせた土地を評価します。この評価額から前面宅地のみの評価額を控除します。

(2) (1) で算出した評価額に対して、不整形地補正（No.85参照）等を考慮します。なお、不整形地補正の計算をするに当たっては、無道路地が接道義務に基づく最小限度の間口距離を有するものとして間口狭小補正率を適用します。

(3) 無道路地について、建築基準法等に規定されている建築物を建築するために必要な道路に接すべき最小限の間口距離の要件（接道義務）を満たす最小限度の通路を開設するものと想定します。その通路に相当する部分の価額は、路線価に通路に相当する部分の地積を乗じて算出します。奥行価格補正等の画地調整は行いません。ただし、(2) の価

無道路地の評価例

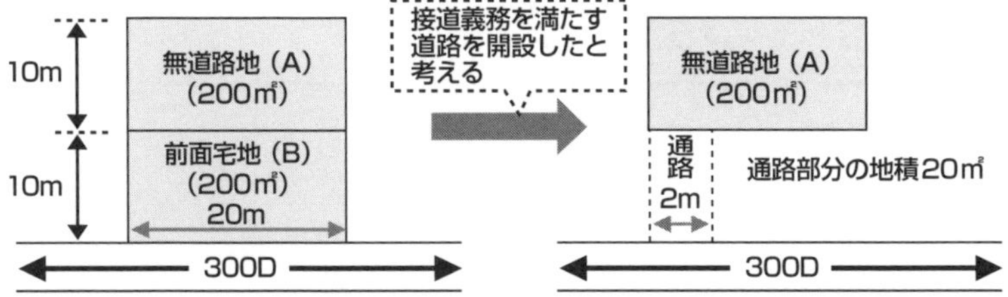

手順 上記のような無道路地については、接道義務を満たす最小限の通路を開設すると想定する。無道路地の評価額は、無道路地を不整形地補正率等で評価した金額から接道義務を満たすための通路部分の金額を控除して計算する。具体的評価は以下のようになる。

(1) 無道路地（A）の奥行価格補正後の価額の算定
①無道路地（A）と前面宅地（B）を合わせた土地の奥行価格補正後の価額
300千円×1.00×400㎡=120,000千円
②前面宅地（B）の奥行価格補正後の価額
300千円×1.00×200㎡=60,000千円
③無道路地（A）の奥行価格補正後の価額
①−②=60,000千円
(2) 不整形地補正等（ No.85参照）
①不整形地補正率0.79（普通住宅地区、地積区分A かげ地割合50%）

$$
\text{かげ地割合}=\frac{\underset{(\text{想定整形地の地積})}{400㎡}-\underset{(\text{無道路地の地積})}{200㎡}}{\underset{(\text{想定整形地の地積})}{400㎡}}=50\%
$$

②間口狭小補正率　0.90（間口2m）
③奥行長大補正率　0.90（間口2m、奥行20m）
①×②=0.71 < ②×③=0.81 ∴0.71
不整形地補正率等考慮後の価額
(1)③×（2)③=42,600,000円
(3) 無道路地の斟酌（正面路線価×通路部分の地積）
300千円×20㎡=6,000,000円 < 17,040,000円（=(2) 42,600,000×40%） ∴6,000,000円
(4) 評価額
(2)−(3)=36,600,000円

額の40%を限度とします。

(4) 無道路地の評価額は、(2) で評価した金額から (3) の金額を控除して計算します。

なお、その土地に通行の用に供する権利を設定している場合は、無道路地になりません。

Chapter 4

85 その他の評価が難しい宅地の評価方法

土地は必ずしも四角というわけではなく、不整形な土地やがけ地になっているものも多数あります。また、自己の土地でありながら、道路として使用されている場合もあります。

このような宅地については、土地の効用が著しく低いため、相続税上の評価も減額されるように定められています。

私道の評価……私道が、どのように利用されているかにより、評価額は異なります。もっぱら特定の者の通行の用に供されている宅地（私道）の価額は、その宅地が私道でないものとして、路線価方式又は倍率方式によって評価した価額の30%相当額で評価します。倍率地域にある私道で、固定資産税評価額が私道であることを考慮して付されている場合には、その宅地が私道でないものとして固定資産税評価額を評定し、その金額に倍率を乗じて評価した価額の30%相当額で評価します。

また、通抜け道路のように不特定多数の者の通行の用に供されている私道の価額は、公衆用道路に準じてゼロ評価となります。

がけ地の評価……宅地の一部にがけ地がある場合には通常の用途に供することができず、土地の効用が著しく低下することから、通常の評価額から減額補正することができます。その補正にあたっては、がけ地補正率を使用して評価します。この補正率は、宅地の総面積に占めるがけ地面積の割合がどれくらいあるかという点とがけ地がどちらの方位を向いているかにより決定されます。

不整形地の評価……長方形や正方形、直角できっちりとした四角い土地というものはほとんどありません。むしろひし形であったり、台形であったりとさまざまです。そこで、このような土地については、不整形の度合いがど

不整形地の評価例

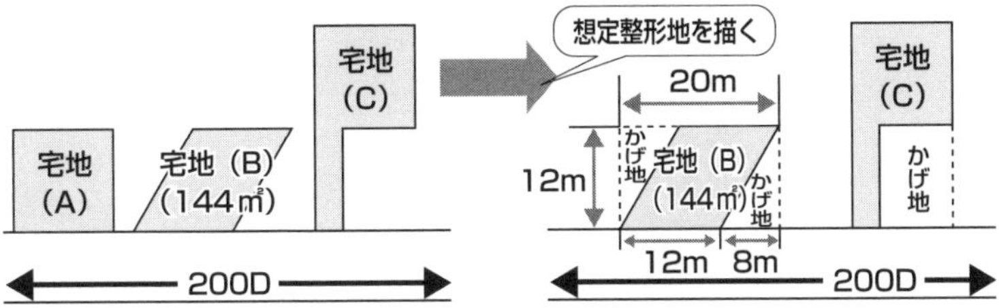

（1）不整形地
上図のように宅地(A)、(B)、(C)があった場合の宅地の効用は、通常、宅地(A)の効用が高く、宅地（B）、宅地（C）は、それより低い効用しかないと考えられる。このような地形の違いによる効用の違いを評価額に反映させるため、間口狭小補正率、奥行長大補正率、不整形地補正率を用いて評価額を調整することになる。なお、整形地とは宅地（A）のような長方形又は正方形の地形の土地をいい、不整形地とは宅地（B）や宅地（C）のような整形地以外の地形の土地をいう。

（2）不整形地の評価〈例、宅地（B）の評価〉
①想定整形地
不整形地を評価する場合には、まず、不整形地の全域を含む正面路線に面する長方形又は正方形の土地で、地積が最少となる土地を想定する（「想定整形地」という）。
②間口距離を求める…12m（間口狭小補正率表により、間口狭小補正率は1.00）
実際に道路に面する間口距離と想定整形地の間口距離のいずれか短い距離が間口距離になる。
③奥行距離を求める…12m（奥行長大補正率表より、奥行長大補正率は1.00）
12m（想定整形地の奥行距離）＝144㎡÷12m（実際の地積を間口距離で除した距離）∴12m
想定整形地の奥行距離と実際の地積を間口距離で除して得た距離とのいずれか短い距離が、奥行距離になる。
④不整形地補正率表の不整形地補正率　0.85（下記の「かげ地割合」を不整形地補正率表にあてはめる）

かげ地割合＝｛240㎡（想定整形地の地積）－144㎡（評価対象地の地積）｝÷240㎡（想定整形地の地積）＝40%

⑤上記で求めた不整形地補正率表の不整形地補正率に間口狭小補正率を乗じたものが、評価対象地の不整形地補正率になる。不整形地補正率　0.85×1.00＝0.85
なお、間口狭小補正率と奥行長大補正率を適用したほうが評価額が低くなる場合には、不整形地補正率ではなく、間口狭小補正率と奥行長大補正率を適用して評価する。

（3）自用地の評価額
200千円×1.00×0.85×144㎡＝24,480,000円
正面路線価×奥行価格補正率×不整形地補正率×地積＝自用地評価額

れくらいなのか、それによってどれだけその土地の活用が制限されるかということを勘案して、通常の評価額から減額補正します。その補正にあたっては、不整形地補正率（最大40%減額）を使用して評価します。

Chapter 4

86 地積規模の大きな宅地の評価

地積規模の大きな宅地とは、首都圏、近畿圏、中京圏の三大都市圏においては500㎡以上の地積の宅地、それ以外の地域においては1000㎡以上の地積の宅地をいいます。ただし、原則として宅地開発ができない市街化調整区域にある宅地や、都市計画法に規定する工業専用地域にある住宅の建築ができない宅地、及びマンションの敷地として利用されることが標準的な指定容積率が、400％（東京23区は300％）以上の地域に所在する宅地については、地積規模の大きな宅地には該当しません。

地積規模の大きな宅地の価額は、正面路線価を基に宅地の形状に基づき奥行価格補正率等で補正計算をした価額に、その宅地の地積の規模に応じ、次の算式により求めた規模格差補正率を掛けて計算します。

地積規模の大きな定地の評価額＝路線価×奥行価格補正率×不整形地補正率等
×規模格差補正率*×地積（㎡）

＊規模格差補正率（小数点以下第２位未満切捨て）＝ $\dfrac{A \times B + C}{\text{地積規模の大きな宅地の地積（A）}} \times 0.8$

算式中の「B」及び「C」とは、地積規模の大きな宅地が所在する地域に応じ、それぞれ次に掲げる表のとおりです。なお、倍率地域の宅地は、その宅地が普通住宅地区に所在するものとして計算します。

宅地の所在地		①三大都市圏		②それ以外の地域	
地区区分		普通商業・併用住宅地区、普通住宅地区			
記号		B	C	B	C
地積㎡	500以上　1,000未満	0.95	25	—	—
	1,000以上　3,000未満	0.90	75	0.90	100
	3,000以上　5,000未満	0.85	225	0.85	250
	5,000以上	0.80	475	0.80	500

地積規模の大きな宅地の相続税評価

所　　在：○○市
（三大都市圏）
地　　目：宅地
路 線 価：300,000円
地区区分：普通住宅地区
奥　　行：30m
地　　積：600㎡

〈規模格差補正率の計算〉

$$\text{規模格差補正率} = \frac{600\text{㎡} \times 0.95 + 25}{600\text{㎡}} \times 0.8 = 0.79$$

（小数点以下第2位未満切捨て）

【計算例】

（路線価）		（奥行30mに応ずる奥行価格補正率）		（奥行価格補正後の1㎡当たりの価額）
300,000円	×	0.95	＝	285,000円
（奥行価格補正後の1㎡当たりの価額）		（規模格差補正率）		（1㎡当たりの価額）
285,000円	×	0.79	＝	225,150円
（1㎡当たりの価額）		（地積）		（自用地の価額）
225,150円	×	600㎡	＝	135,090,000円

（普通住宅地区）

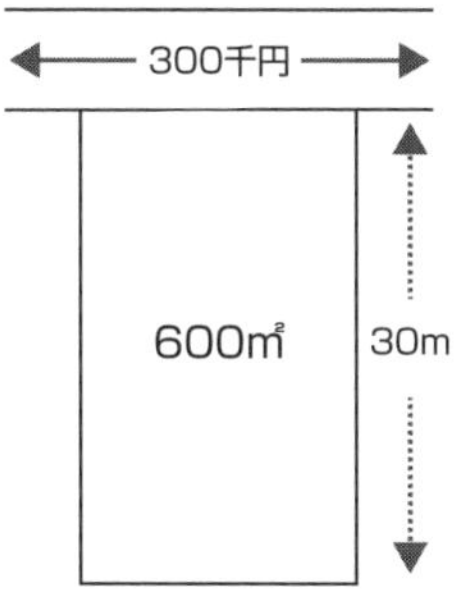

（出典：国税庁「「地積規模の大きな宅地の評価」が新設されました」を基に作成）

Chapter 4

87 家屋及び附属設備等の評価

家屋の評価方法は**倍率方式**であり、家屋の固定資産税の評価額に一定の倍率を乗じて評価額を算出します。倍率は1.0倍であるため家屋の相続税評価額は、家屋の固定資産税評価額と同じになります。また、家屋の価額の評価単位は、原則として1棟の家屋ごとに評価します。固定資産税評価額は、家屋課税台帳もしくは家屋補充課税台帳に登録された基準年度の価格又は比準する価格で固定資産税納税通知書に記載されています。

新築後間もない固定資産税評価額のない家屋の評価……新築家屋と状況の類似した付近の家屋の固定資産税評価額を基に、その付近の家屋との構造、経過年数、用途等の差を考慮して評価します。ただし、状況の類似した付近の家屋がない場合には、再建築価額から償却費相当額を控除した価額の70%相当額で評価します。

建築中の家屋の評価……建築中の家屋の場合も、固定資産税評価額は付けられていません。建築途中の家屋の価額は、その家屋の費用現価、すなわち、課税時期までに建物に投下された建築費用の額を課税時期の価額に引き直した額の合計額の70%相当額で評価します。

附属設備等の評価は、次のように行います。

家屋と構造上一体となっている設備、たとえば、家屋の所有者が有する電気設備、ガス設備、衛生設備、給排水設備、温湿度調整設備、消火設備、避雷針設備、昇降設備等については、その家屋の価額に含めて評価します。

門、塀、外井戸等の附属設備の価額は、その附属設備の再建築価額から経過年数に応ずる減価額を控除した価額を基とし、家屋の価額との均衡を考慮して家屋とは区別して評価します。

庭園設備の価額は、その庭園設備の調達価額の70%相当額で評価します。

家屋の評価

評価方法→家屋の評価は「倍率方式」により評価する

評価計算式	固定資産税評価額×倍率（1.0倍）
評価単位	1棟の家屋ごと
新築直後の家屋	類似の家屋の固定資産税評価額を基に差を考慮して評価
建築中の家屋	課税時期までに投下された建築費用現価 ×70%
附属設備等の評価	電気設備、ガス設備、衛生設備、給排水設備、温湿度調整設備、消火設備、避雷針設備、昇降設備、じんかい処理設備等 ⇒家屋に含めて評価
	門、塀、外井戸、屋外じんかい処理設備等 ⇒（再建築価額－経過年数に応じた減価額）×70%
	庭園設備 ⇒調達価額×70%

構築物の評価

評価単位	1個の構築物ごと（2個以上で分離した場合に利用価値を著しく低下させるものは一括）
評価方式	｛再建築価額－（取得の時期から課税時期までの期間に応ずる償却費※の合計額）｝×70%

※償却方法は定率法、耐用年数は減価償却資産の耐用年数等に関する省令に規定する耐用年数

Chapter 4

88 貸家及び借家権の評価

自分で使用している家屋についての評価、いわゆる**自用家屋**の評価は、原則として固定資産税評価額により評価します。

賃貸マンションや賃貸アパートといった**貸家**の評価額、すなわち、所有家屋を貸し付けている場合、借家人が存在する場合の家屋の評価額は、賃借人に一定の権利があるものと考えられることから、自用家屋の評価額から一定の金額を減額します。

貸家の評価額は、次の算式のように自用家屋の評価額から借家権の価額を控除して評価します。

> 貸家の評価額＝自用家屋の評価額－借家権の評価額
> ＝自用家屋の評価額－〈自用家屋の評価額×借家権割合（30%）×賃貸割合〉
> ＝自用家屋の評価額×〈1－借家権割合（30%）×賃貸割合〉

なお、この借家権は、家屋が賃貸借契約に基づき借家人に貸し付けられている場合に評価し、無償で貸している場合には、使用貸借となり、貸家としての評価はできません。

家屋の全部が「自用」か「貸家」であれば、評価は1棟ごとに行われます。一部「自用」として使用し、残りを賃貸している場合には、賃貸している部分だけが貸家評価となります。

$$\text{賃貸割合}=\frac{\text{（A）のうち賃貸している各独立部分の床面積の合計}}{\text{家屋全体の各独立部分の床面積の合計（A）}}$$

貸家が空いている場合、借家人はいなくなるため、通常どおり自用家屋評価となります。ただし、継続的に賃貸されていたアパート等の一部が一時的

貸家・借家権の評価方法

貸家の評価額＝自用家屋の評価額※1－借家権の評価額※2

※1
自用家屋の評価額＝固定資産税評価額×1.0

※2
借家権の評価額＝自用家屋の評価額※1
×借家権割合（30%）×賃貸割合※3

※3
賃貸割合＝（A）のうち賃貸している各独立部分の床面積の合計 ／ 家屋全体の各独立部分の床面積の合計（A）

に空いており次の借家人を募集しているような場合には、貸家評価を行うことが可能です。

一方、借家人の有する借家権の価額は、この権利が権利金等の名称で取引される慣行のない地域にあるものについては、評価しないこととされています。

Chapter 4

89 配偶者居住権と配偶者居住権の目的となっている建物の評価

遺産分割等又は遺言により被相続人の配偶者が配偶者居住権を取得した場合の、配偶者居住権及び配偶者居住権の目的となっている建物（以下「居住建物」）の評価額は、次のとおりです。

（1）配偶者居住権の評価額

> 居住建物の相続税評価額*1 － A *2
>
> $$A = \text{居住建物の相続税評価額}^{*1} \times \frac{\text{耐用年数}^{*3} - \text{建築後経過年数} - \text{存続年数}^{*4}}{\text{耐用年数} - \text{建築後経過年数}}$$
>
> ×存続年数に応じた法定利率による複利現価率*5

（2）居住建物の評価額

> 居住建物の相続税評価額*6 － 上記（1）で計算した配偶者居住権の評価額

＊1「居住建物の相続税評価額」は、配偶者居住権が設定されていない場合の居住建物の相続税評価額をいい、居住建物の一部が賃貸の用に供されている場合又は被相続人が相続開始の直前において居住建物をその配偶者と共有していた場合には、次の算式により計算した金額となります。

> （算式）居住建物が賃貸されておらず、かつ共有ではないとした場合の相続税評価額×賃貸用の部分以外の部分の床面積÷居住建物の床面積×被相続人の持分割合

＊2「A」は、配偶者居住権の終了時点における居住建物の定額法による未償却残高に相当する金額を、その終了時点の居住建物の時価とみなし、その終了時点の時価を複利現価率により相続開始時点に割り引いた額となります（No.90において同じ）。

＊3「耐用年数」は、居住建物に係る耐用年数省令に定める耐用年数（法定耐用年数）に1.5を乗じた年数によります。

＊4「存続年数」は、① 配偶者居住権の存続期間が配偶者の終身の間である場合は配偶者の平均余命（厚生労働省作成の完全生命表に掲げる年齢及び性別に応じた平均余命）年数、② ①

配偶者居住権及び配偶者居住権の目的となっている建物（居住建物）の評価額

（考え方）

①終了時の居住建物価額（終了時に所有者が利用できる価値）を計算

②①の価額を法定利率による複利現価率で現在価値に計算（＝居住建物の評価額）

③居住建物の相続税評価額から②を控除＝配偶者居住権の評価額

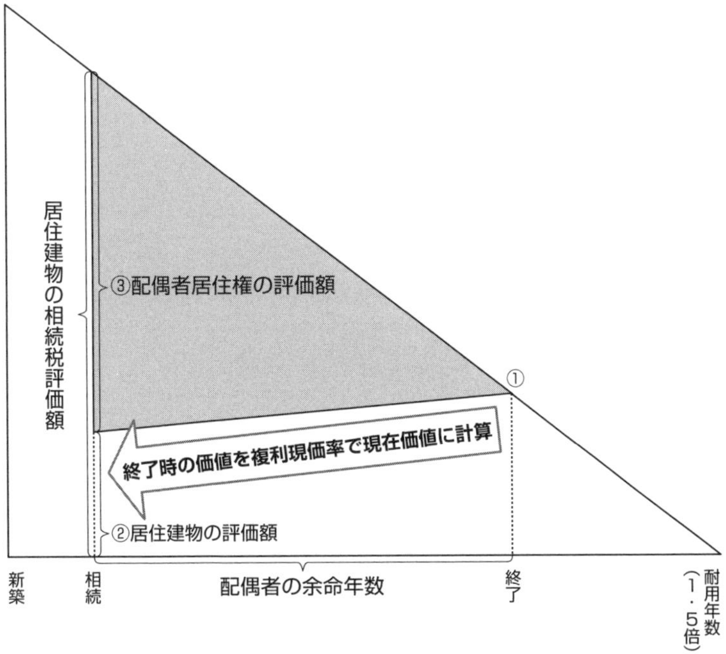

（出典：財務省「令和元年度　税制改正の解説」498頁を基に作成）

以外の場合は遺産分割協議等により定められた配偶者居住権の存続期間の年数（配偶者の平均余命年数を上限）をいいます（同）。

＊5「存続年数に応じた法定利率による複利現価率」は、国税庁「配偶者居住権等の評価明細書」の（裏面）記載方法等に記載されています（同）。

＊6「居住建物の相続税評価額」は、前記（1）と異なり、配偶者居住権が設定されていない場合の居住建物の通常の相続税評価額になります。

Chapter 4

90 配偶者居住権に基づく敷地利用権と配偶者居住権の目的となっている建物の敷地の用に供される土地の評価

遺産分割等に又は遺言により被相続人の配偶者が配偶者居住権を取得した場合の、配偶者居住権に基づく敷地利用権及び配偶者居住権の目的となっている建物（居住建物）の敷地の用に供される土地の評価額は、次のとおりです。

（1）配偶者居住権に基づく敷地利用権の評価額

> 居住建物の敷地の用に供される土地の相続税評価額[*1]－居住建物の敷地の用に供される土地の相続税評価額[*1]×存続年数に応じた法定利率による複利現価率

（2）居住建物の敷地の用に供される土地の評価額

> 居住建物の敷地の用に供される土地の相続税評価額[*2]－上記（1）で計算した配偶者居住権に基づく敷地利用権の評価額

＊1「居住建物の敷地の用に供される土地の相続税評価額」は、居住建物の一部が賃貸の用に供されている場合又は被相続人が相続開始の直前において居住建物の敷地を他の者と共有し、もしくは居住建物をその配偶者と共有していた場合には、次の算式により計算した金額となります。

> （算式）居住建物が賃貸されておらず、かつ土地が共有ではないとした場合の相続税評価額×居住建物の賃貸用の部分以外の部分の床面積÷居住建物の床面積×被相続人が有していた居住建物の敷地の持分割合と、居住建物の持分割合のうちいずれか低い割合

＊2「居住建物の敷地の用に供される土地の相続税評価額」は、上記（1）と異なり、配偶者居住権が設定されていない場合の居住建物の敷地の用に供される土地の通常の相続税評価額になります。

〈配偶者居住権等の相続税評価額の計算例〉

①居住建物（被相続人が単独所有・木造・築30年）：相続税評価額200万円

②①の敷地（被相続人が単独所有）：相続税評価額9000万円

配偶者居住権に基づく敷地利用権及び居住建物の敷地の用に供される土地の評価額

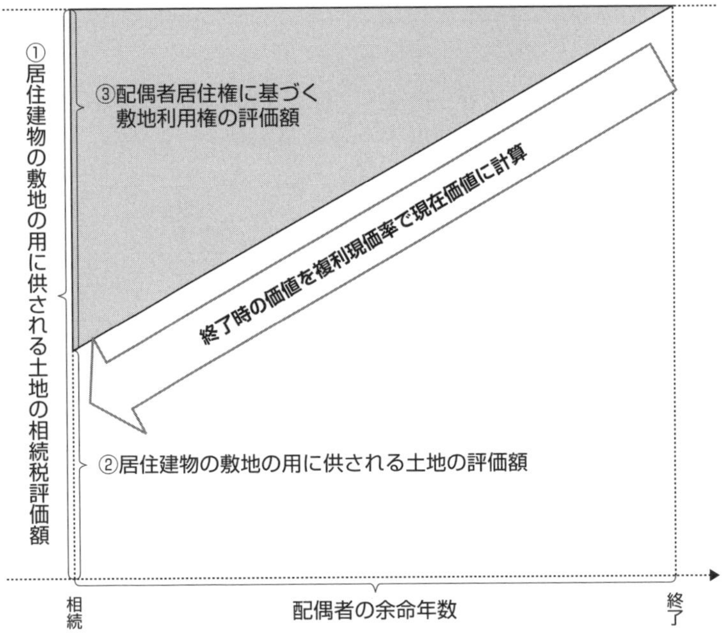

＊将来の時価変動は捨象される。

（出典：財務省「令和元年度　税制改正の解説」501頁を基に作成）

③建物及び土地は子が相続し、配偶者（妻）が配偶者居住権を取得
④配偶者居住権の存続年数：終身（配偶者は相続開始時70歳）
⑤居住建物の耐用年数：33年
⑥存続年数（70歳女性の平均余命年数（厚生労働省・完全生命表）：20年
⑦複利現価率：0.554（法定利率 3%、20年間）。

・配偶者居住権の評価額＝200万円－200万円×{(33年－30年)－20年}÷(33年－30年)＊×0.554＝200万円

＊下線部の計算結果が0以下となる場合には、0とされます。

・居住建物の評価額＝200万円－200万円＝0円
・配偶者居住権に基づく敷地利用権の評価額＝9000万円－9000万円×0.554＝4014万円
・居住建物の敷地の用に供される土地の評価額＝9000万円－4014万円＝4986万円

Chapter 4

91 金融資産の評価

金融資産には、現金、預金、貯金、有価証券などが挙げられます。

現金については、相続時点で被相続人の財布の中にある現金、いわゆる「タンス預金」も、すべて相続財産となります。ただし、相続時において、被相続人の現金残高を正確に把握することは非常に困難です。場合によっては、預金通帳を確認し、口座から引き出した金額から支出した金額を控除することなどにより、相続時点の現金残高を推定することもあります。

預金・貯金については、金融機関の普通預金やゆうちょ銀行の通常貯金であれば、相続時点の預入残高が評価額となります。その相続開始時点までに付されているであろう利息についても、原則として相続財産に該当しますが、普通預金金利の低い現在においては、特段計算する必要はありません。

定期預金や定額貯金については、相続時点の預入残高にその預入日から相続開始日までの利息を加えて相続税評価額とします。この利息を**既経過利子の額**といいます。既経過利子の額は、中途解約利率により計算し、中間利息の支払があるものについては、すでに支払われた中間利息の額を控除した金額によって計算します。利子については20.315%の源泉所得税等が発生するため、評価上も源泉所得税等相当額を控除します。いずれにしても、通帳や金融機関が発行する残高証明書等により、相続開始時点の預金・貯金の残高の確認を行います。

被相続人以外の家族名義の預金であっても、実質的に被相続人本人のものと考えられる**名義預金**については、被相続人の財産として申告します。名義人の収入、財産形成の経緯等から説明がつかず、かつ、その後の管理・運用も被相続人本人が行っていた場合には、被相続人本人の預金（相続財産）とされますので留意が必要です。名義預金は、重要な調査対象項目です。

金融資産の評価

預貯金	（1）定期預金、定期郵便貯金及び定額郵便貯金 課税時期における預入高＋既経過利子の額－源泉徴収されるべき所得税の額に相当する金額 （2）（1）以外の預貯金で既経過利子の額が少額なもの 課税時期における預入高 （注）名義預金も相続財産
貸付信託の受益証券	（1）貸付信託設定日から１年以上経過 元本の額 ＋ 既経過収益の額 － 既経過収益の額につき源泉徴収されるべき所得税の額 － 買取割引料 （2）（1）以外 （1）の算式に準じて計算した金額
証券投資信託受益証券	（1）中期国債ファンド、MMF（マネー・マネージメント・ファンド）等の日々決算型の証券投資信託の受益証券 １口当たりの基準価額 × 口数 ＋ 再投資されていない未収分配金（A） － （A）につき源泉徴収されるべき所得税の額に相当する金額 － 信託財産留保額及び解約手数料（消費税額に相当する額を含む） （2）（1）以外 課税時期の１口当たりの基準価額 × 口数 － 課税時期において解約請求等した場合に源泉徴収されるべき所得税の額に相当する金額 － 信託財産留保額及び解約手数料（消費税額に相当する額を含む）
信託受益権	（1）元本と収益との受益者が同一人である場合 信託財産の価額 （2）元本と収益との受益者が元本及び収益の一部を受ける場合 信託財産の価額×受益割合 （3）元本の受益者と収益の受益者とが異なる場合においては、 イ　元本を受益する場合は 信託財産の価額－ロ ロ　収益を受益する場合 課税時期の現況において推算した受益者が将来受けるべき利益の価額ごとに課税時期からそれぞれの受益の時期までの期間に応ずる基準年利率による複利現価率を乗じて計算した金額の合計額
抵当証券	（1）抵当証券業者の販売する抵当証券 元本の額（抵当証券業者が課税時期において買い戻す価額を別に定めている場合はその金額） ＋ 既経過利息の額 － 既経過利息の額に源泉徴収されるべき所得税の額に相当する金額 － 解約手数料 （2）（1）以外 貸付金債権の定めに準じて評価した金額
不動産投資法人の投資証券及び不動産投資信託の受益証券のうち、上場されているもの	上場株式の評価に準じて評価 （不動産投資信託証券に係る投資口の分割等に伴う無償交付期待権の価額…新株無償交付期待権に準じて評価） （不動産投資信託証券に係る金銭分配期待権の価額…配当期待権に準じて評価）

Chapter 4

92 上場株式の評価

上場株式とは、金融商品取引所に上場されている株式のことをいいます。

上場株式は、その株式が上場されている金融商品取引所が公表する課税時期（被相続人の死亡日や贈与を受けた日）の最終価格によって評価します。

しかし、上場株式は日々価額が変動するものであり、ときには大きく変動することもあります。このため、評価の安全性を考慮し、①課税時期の最終価格、②課税時期の属する月の毎日の最終価格の平均額、③課税時期の属する月の前月の毎日の最終価格の平均額、④課税時期の属する月の前々月の毎日の最終価格の平均額のうち最も低い価額により評価します。ただし、負担付贈与又は個人間の対価を伴う取引により取得した上場株式の価額は、上記の②、③、④による評価は認められず、①課税時期の最終価格により評価しなければなりません。

課税時期に最終価格がない場合は、課税時期の前後日のうち最も近い日の最終価格（前後の期間が同じであれば、その平均額）とします。

東京証券取引所と大阪取引所というように、複数の証券取引所に上場している株式については、納税義務者が選択した証券取引所の公表する課税時期の最終価格によることとされています。また、課税時期が権利落等の日から株式の割当等の基準日までの間にある場合には、一定の修正をします。

最終価格は、日刊紙やインターネット等を利用して把握できます。

また、ストックオプションで、上場株式又は気配相場等のある株式をその目的とし、かつ、課税時期が権利行使可能期間内にあるものの評価については、課税時期における株式の価額から権利行使価額を控除した金額に、ストックオプション１個の行使により取得できる株式数を乗じた金額により評価します。

上場株式の評価

①　課税時期の最終価格

②　課税時期の属する月の最終価格の月平均額

③　課税時期の属する月の前月の最終価格の月平均額

④　課税時期の属する月の前々月の最終価格の月平均額

→ **上記の価格のうち最も低い価額**

上場株式の評価明細書

銘　柄	取引所等の名称	課税時期の最終価格		最終価格の月平均額			評価額 ①の金額又は①から④までのうち最も低い金額	増資による権利落等の修正計算その他の参考事項
				課税時期の属する月	課税時期の属する月の前月	課税時期の属する月の前々月		
		月　日	①価額	②　月	③　月	④　月		
			円	円	円	円	円	

記載方法等
1 「取引所等の名称」欄には、課税時期の最終価格等について採用した金融商品取引所名及び市場名を記載します（たとえば、東京証券取引所のプライム市場の場合は「東P」、名古屋証券取引所のメイン市場の場合は「名M」など）。
2 「課税時期の最終価格」の「月日」欄には、課税時期を記載します。ただし、課税時期に取引がない場合には、課税時期の最終価格として採用した最終価格についての取引月日を記載します。
3 「最終価格の月平均額」の「②」欄、「③」欄及び「④」欄には、それぞれの月の最終価格の月平均額を記載します。ただし、最終価格の月平均額について増資による権利落等の修正計算を必要とする場合には、修正計算後の最終価格の月平均額を記載するとともに、修正計算前の最終価格の月平均額をかっこ書きします。
4 「評価額」欄には、負担付贈与又は個人間の対価を伴う取引により取得した場合には、「①」欄の金額を、その他の場合には、「①」欄から「④」欄までのうち最も低い金額を記載します。
5 各欄の金額は、各欄の表示単位未満の端数を切り捨てます。

Chapter 4

93 公社債の評価

公社債の評価は、銘柄が異なるごとに、**利付公社債**、**割引発行の公社債**、**元利均等償還が行われる公社債**、**転換社債型新株予約権付社債**の区分に従い、券面額100円当たりの価額を基準として評価します。

利付公社債は、券面に利札の付いている債券で、利払いは年間の一定期日に、その利札を切り取って行われます。

①金融商品取引所に上場されている利付公社債は、課税時期の最終価格と源泉所得税相当額控除後の既経過利息の額との合計額によって評価します。

②日本証券業協会において売買参考統計値が公表される銘柄として選定された利付公社債については、課税時期の平均値と源泉所得税相当額控除後の既経過利息の額との合計額によって評価します。

③上記①②以外の利付公社債は、その公社債の発行価額と源泉所得税相当額控除後の既経過利息の額との合計額によって評価します。

割引発行の公社債は、券面額を下回る価額で発行される債券で、券面額と発行価額との差額（償還差益）が利子に相当する部分に当たります。

①金融商品取引所に上場されている割引発行の公社債は、課税時期の最終価格によって評価します。

②日本証券業協会において売買参考統計値が公表される銘柄として選定された割引発行の公社債は、課税時期の平均値によって評価します。

③上記①②以外の割引発行の公社債は、発行価額に、課税時期までの利息相当分（下式参照）を加算した金額によって評価します。

$$\text{課税時期までの利息相当分} = \text{券面額と発行価額との差額に相当する金額} \times \frac{\text{発行日から課税時期までの日数}}{\text{発行日から償還期限までの日数}}$$

公社債の評価

A. 利付公社債
①金融商品取引所に上場
　最終価格＋既経過利息－源泉所得税相当額
②売買参考統計値が公表
　平均値＋既経過利息－源泉所得税相当額
③①②以外
　発行価額＋既経過利息－源泉所得税相当額

B. 割引発行の公社債
①金融商品取引所に上場
　最終価格
②売買参考統計値が公表
　平均値
③①②以外
　発行価額＋課税時期までの利息相当分

C. 元利均等償還が行われる公社債
　定期金に関する権利の評価を準用して計算した金額

D. 転換社債
①金融商品取引所に上場
　最終価格＋既経過利息－源泉所得税相当額
②店頭転換社債
　最終価格＋既経過利息－源泉所得税相当額
③①②以外
　イ　発行会社の株式の価額＞転換価格

$$\text{転換社債の発行会社の株式の価額} \times \frac{100\text{円}}{\text{その転換社債の転換価格}}$$

　ロ　発行会社の株式の価額＜転換価格
　　発行価額＋既経過利息－源泉所得税相当額

Chapter 4

94 取引相場のない株式の評価

上場株式、登録銘柄、店頭管理銘柄及び公開途上にある株式以外の株式を取引相場のない株式といいます。

取引相場のない株式は、相続や贈与などで株式を取得した株主が、評価対象会社の経営支配力を持っている**同族株主等**か、**それ以外の株主**かの区分に応じて評価します。具体的な評価方式には、**原則的評価方式（類似業種比準方式、純資産価額方式、これら2つの併用方式）**と、**特例的評価方式（配当還元方式）**があります。一般的には、特例的評価方式よりも原則的評価方式のほうが株価は高くなります。

原則的評価方式では、評価対象会社を、従業員数、総資産価額及び取引金額（売上高）により、**大会社**、**中会社**、**小会社**に区分し、その区分に応じて評価します。

大会社は、原則として**類似業種比準方式**により評価します。類似業種の株価を基に、評価対象会社の配当金額、利益金額及び純資産価額の三要素で比準して評価する方法です。

中会社は、大会社と小会社の評価方法を併用して評価します。

小会社は、原則として、**純資産価額方式**によって評価します。評価対象会社の資産や負債を、原則として、相続税評価額に引き直し、相続税評価額と簿価との評価差額に対する法人税額等相当額を控除した金額により、株式を評価する方法です。

特例的な評価方式は、同族株主以外の株主の取得した株式について、その株式の発行会社の規模に係らず、**配当還元方式**により評価します。評価対象会社の直前期末以前2年間の平均配当金額を、一定の利率（10%）で還元して、株式の価額を評価する方法です。

取引相場のない株式の評価方法

類似業種比準方式

類似業種比準方式は、以下の算式で計算した金額。
評価対象会社と同業種の上場企業の株価に比準して株価を計算する。

$$A \times \frac{\frac{(B)}{B} \times \frac{(C)}{C} \times \frac{(D)}{D}}{3} \times 0.7^{*}$$

＊中会社は、「0.7」を「0.6」と、小会社は「0.7」を「0.5」と置き換える

A＝類似業種の株価
B＝課税時期の属する年の類似業種の1株当たりの配当金額
C＝課税時期の属する年の類似業種の1株当たりの年利益金額
D＝課税時期の属する年の類似業種の1株当たりの純資産価額
(B)＝評価対象会社の1株（50円）当たりの配当金額
(C)＝評価対象会社の1株（50円）当たりの年利益金額
(D)＝評価対象会社の1株（50円）当たりの純資産価額
※上記A、B、C、Dの数値は国税庁により公表される。
(B)、(C)、(D) の数値は、評価対象会社の決算書及び法人税の申告書より数値を計算する。

純資産価額方式

純資産価額は以下の算式で計算した金額。
評価対象会社の有する資産・負債を相続税評価額で評価することにより計算する。

（相続税評価額による純資産価額 － 評価差額に対する法人税額等相当額）÷ 課税時期現在の発行済株式数

配当還元方式

配当還元価額は、以下の算式で計算した金額。
評価対象会社の年平均配当金額を10％で還元して計算する。

$$\frac{\text{年配当金額}}{10\%} \times \frac{\text{1株当たりの資本金の額}}{\text{50円}}$$

年配当金額は、資本金額50円当たりの直前期末以前2年間の配当金額を平均した金額。ただし、その金額が2円50銭に満たない場合には2円50銭とする。

95 特定の評価会社の株式の評価

取引相場のない株式を発行している会社の中には、土地や有価証券等の資産保有会社や、事業活動を行っていない休眠会社も含まれます。

このような会社に原則的評価方法を適用してしまうと、実態をあらわさない価額となってしまう可能性があります。具体的には以下の会社が該当します。

①類似業種比準方式で評価する場合の３つの比準要素（配当金額、利益金額、簿価純資産価額）のうち直前期末の要素のいずれか２つがゼロであり、かつ、直前々期末の要素のいずれか２つ以上がゼロである会社（**比準要素数１の会社**）

②総資産価額中に占める株式や出資の価額の合計額の割合が、一定の割合以上の会社（**株式等保有特定会社**）

③総資産価額中に占める土地などの価額の割合が、一定の割合以上の会社（**土地保有特定会社**）

④課税時期において開業後の経過年数が３年未満の会社や、類似業種比準方式で評価する場合の３つの比準要素（配当金額、利益金額、簿価純資産価額）がいずれもゼロである会社（**開業後３年未満の会社等**）

⑤**開業前又は休業中の会社**

⑥**清算中の会社**

このような特定の評価会社の株式は、原則として、①～⑤については**純資産価額方式**により、⑥については**清算分配見込額**を基に複利現価計算により求めた価額により評価することになっています。

納税義務者の選択により、①は**類似業種比準方式**と**純資産価額方式**の併用方式を、②は**「S1+S2」方式**を適用することもできます。

特定の評価会社の株式の評価方法

特定の評価会社の区分	① 比準要素数 １の会社	原則的評価方式	純資産価額方式 又は 類似業種比準方式と純資産価額方式の併用方式
		特例的評価方式	配当還元方式
	② 株式等保有 特定会社	原則的評価方式	純資産価額方式 又は Ｓ１＋Ｓ２方式
		特例的評価方式	配当還元方式
	③ 土地保有 特定会社	原則的評価方式	純資産価額方式
		特例的評価方式	配当還元方式
	④ 開業後３年未満の会社等	原則的評価方式	純資産価額方式
		特例的評価方式	配当還元方式
	⑤ 開業前又は 休業中の会社	—	純資産価額方式
	⑥ 清算中の会社	—	清算分配見込額を基に複利現価計算により求めた価額

①～④の会社の株式を取得した同族株主以外の株主等については、特例的な評価方式である**配当還元方式**により評価することもできます。

Chapter 4

96 営業権の評価

取引相場のない株式の評価に際しては帳簿に記載されていない営業権といった無形の資産についても評価することが必要となります。また、この営業権は株式の評価のみならず、個人事業者についても相続財産として計上する必要があります。

なお、相続税の対象となる営業権は、有償で取得したものに限らず、自己創設のれんを含みます。

営業権とは、企業の持つ超過収益力であり、次の算式によって計算した価額によって評価します。

> 営業権の価額＝超過利益金額※×営業権の持続年数（原則として10年とする）に応ずる基準年利率による複利年金現価率
>
> ※超過利益金額＝平均利益金額×0.5－標準企業者報酬額－総資産価額×0.05

平均利益金額が5000万円以下の場合は、標準企業者報酬額が平均利益金額の1/2以上となるため、超過利益金額はゼロとなり、営業権は計上されません。

なお、医師、弁護士等のように、その者の技術、手腕又は才能等を主とする事業に係る営業権で、その事業者の死亡とともに消滅するものは評価しません。

営業権の評価

営業権の評価方法

営業権の価額＝［超過利益金額］×［営業権の持続年数（原則10年）に応ずる基準年利率による複利年金現価率］

超過利益金額＝［平均利益金額］×0.5−［標準企業者報酬額］−［総資産価額］×0.05

平均利益金額　（営業権の評価対象者が法人である場合）

①と②のうちいずれか低い金額

①課税時期の直前期末以前3年間における所得の金額の合計額の1/3

②課税時期の直前期末以前1年間の所得の金額

所得の金額　（営業権の評価対象者が法人である場合）

所得の金額＝［各事業年度の所得金額］＋［損金に算入された繰越欠損金の控除額］±［非経常的な損益の額］＋［支払利子、社債発行差金償却額］＋［損金に算入された役員給与の額］

標準企業者報酬額

平均利益金額の区分	標準企業者報酬額
1億円以下	平均利益金額×0.3　＋1000万円
1億円超　3億円以下	平均利益金額×0.2　＋2000万円
3億円超　5億円以下	平均利益金額×0.1　＋5000万円
5億円超	平均利益金額×0.05＋7500万円

Chapter 4

97 ゴルフ会員権の評価

ゴルフ会員権の形態は、株式形態のもの、預託金形態のもの、取引相場のあるもの・ないものなど、さまざまです。相続税評価では、その形態により評価方法が異なります。

取引相場のある会員権は、課税時期の通常の取引価格の70%に相当する金額によって評価します。

この場合、取引価格に含まれない預託金等があるときには、次に掲げる預託金等の種類に応じて、それぞれに掲げる金額を、取引価格の70%に相当する金額に加算した金額で評価します。

①課税時期にすぐに返還を受けることができる預託金等については、その金額

②課税時期から一定の期間を経過した後に返還を受けることができる預託金等については、その金額の、課税時期から返還を受けることができる日までの期間（1年未満の端数は1年に切上げ）に応ずる基準年利率による複利現価の額

取引相場のない会員権の評価は、以下のとおりです。

①株主でなければゴルフクラブの会員となれない会員権については、株式としての価額

②株主であり、かつ、預託金等を預託しなければ会員となれない会員権の場合には、その会員権について株式と預託金等に区分して評価し、それぞれの金額の合計額

③預託金等を預託しなければ会員となれない会員権については、預託金等の金額

株式の所有を必要とせず、かつ、譲渡できない会員権で、返還を受けるこ

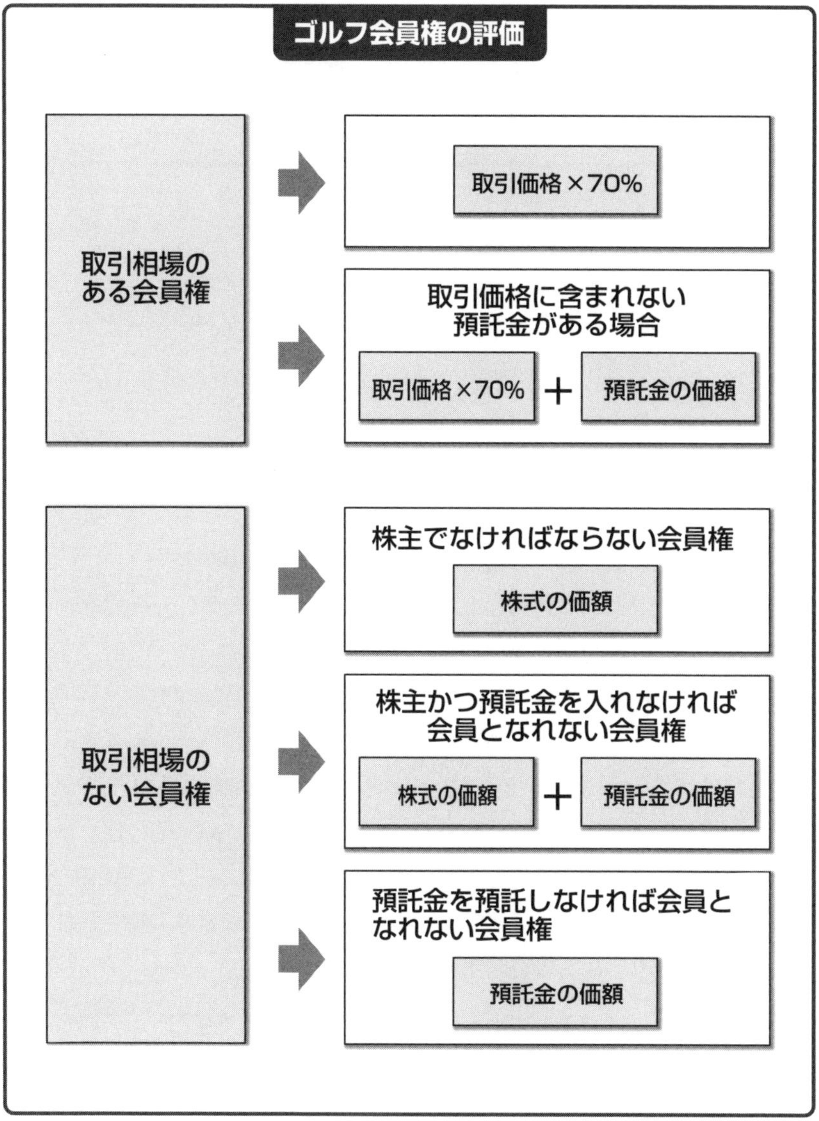

とができる預託金等がなく、ゴルフ場施設を利用して、単にプレーができるだけの会員権については評価しません。

Chapter 4

98 書画・骨董品・家財等の財産の評価

相続税の計算において、財産は「時価」で評価することになっていますが、課税の公平性の観点から「財産評価基本通達」に基づき評価します。

書画や骨董品については、その人それぞれの趣味・嗜好により評価額は異なります。そこで、「売買実例価額、精通者意見価格等を参酌して評価する」と規定されており、鑑定評価によることが一般的です。

また、被相続人の財産には、備品や自動車が含まれるケースが多くあります。このような「一般動産」については、原則として、1個又は1組ごとに評価します。ただし、家庭用動産、農耕用動産、旅館用動産等で1個又は1組の価額が5万円以下のものについては、それぞれ一括して一世帯、一農家、一旅館等ごとに評価することができます。

一般動産の価額は、原則として、売買実例価額、精通者意見価格等を参酌して評価します。ただし、これらがわからないときには、その動産と同種及び同規格の新品の小売価額からその動産の製造から相続開始日までの減価償却費（定率法）を控除した価額で評価します。なお、被相続人が、事業所得・不動産所得の確定申告をしていた場合には、青色（白色）決算書の固定資産の内訳に記載されている動産については、当然、承継されることになりますので、忘れないよう留意してください。

電話加入権は、NTTの固定電話の契約時に「施設設置負担金」を支払うことで取得する権利ですが、固定電話を置かない世帯や、NTTの電話回線を使わない固定電話もあり、現下の社会経済情勢においては取引相場が存在していません。そこで令和3年1月1日以後、電話加入権の価額は、売買実例価額、精通者意見価格等を参酌して評価すると規定されており、相続税等の申告にあたっては、一般動産についての財産評価基本通達の定めに基づき、電

その他の財産の評価のしかた

書画・骨董

→ 売買実例価額
あるいは
精通者意見価格等を
参考にした価額

備品・自動車

→ 売買実例価額
あるいは
精通者意見価格等を参考にした価額
又は
新品の小売価額－経過年数の減価分

電話加入権

→ 売買実例価額
あるいは
精通者意見価格等を参考にした価額
又は
家庭用財産等に含めて一括評価

家財道具

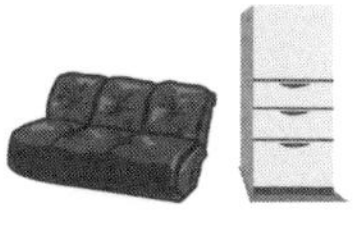

→ 1個又は1組の価額が
5万円以下のものは
まとめて一世帯ごとに
家庭用財産等で評価

話加入権を「家庭用財産等」に含めて一括して評価するのが一般的になっています。

参考 マンション一室の相続税評価の見直し

相続等又は贈与で取得したマンション一室の評価額は、現行の財産評価基本通達では次の①と②の合計額とされます。

①建物（区分所有建物）の価額＝ 建物の固定資産税評価額×1.0

②敷地（敷地利用権）の価額＝ 敷地全体の面積×共有持分×㎡単価（路線価等）

このマンション一室の相続税評価額は、時価（市場売買価格）との大きな乖離が生じているケースも確認されており、令和5年度与党税制改正大綱（令和4年12月16日決定）では、「相続税におけるマンションの評価方法については、相続税法の時価主義の下、市場価格との乖離の実態を踏まえ、適正化を検討する」旨が記載されました。そこでマンション一室の相続税評価について、市場価格との乖離の実態を踏まえた上で適正化を検討するため、令和5年1月に国税庁内に設置された有識者会議での議論を経て、次の見直し案が作成されました。

<u>令和6年1月1日以後</u>の相続等又は贈与により取得した、マンション一室の価額は、次の算式により評価されます。

現行の相続税評価額×当該マンション一室の評価乖離率 ×最低評価水準0.6（定数）

この場合の「評価乖離率」は、次の算式で計算します。

①×△0.033＋②×0.239＋③×0.018＋④×△1.195＋3.220

①築年数：新しいほど乖離率が大きくなる（築年数が古いほど乖離率は小さくなる）

②総階数：階数が多いほど乖離率が大きくなる

③所在階：高い階ほど乖離率が大きくなる

④敷地持分狭小度：敷地利用権割合が小さいほど乖離率が大きくなる（敷地利用割合が大きいほど乖離率は小さくなる）

評価乖離率が一戸建ての物件の乖離率1.67より小さくなれば今回の見直しの対象とはならないものの、大半のマンション一室が見直しの対象となり、現行よりも評価額が増加すると見込まれます。

本稿執筆時（令和5年9月10日）においては、この見直し案を踏まえ、国税庁が改正通達案を作成し、意見公募手続（令和5年7月21日～令和5年8月20日）が行われており、その結果を受けて通達が改正される予定となっています。

ワンポイント
1
資料収集

相続税を計算するためには、①遺言書の確認、②法定相続人の確定、③相続財産・債務の確定、④財産の評価、⑤相続税の試算、⑥遺産分割協議、⑦申告書の作成という手順で作業を進めます。ここでは、第1章から第4章で説明していない相続税を実際に計算する上での実務的な注意点をいくつかピックアップして説明します。

まずは、資料収集です。揃える資料は、大きく分類すれば、遺言書、相続人を把握するための書類、財産を把握するための書類、債務・葬式費用を把握するための書類になります。遺言書の有無を確認してください。公正証書遺言以外の場合には家庭裁判所の検認が必要です。相続人を把握するためには被相続人の戸籍謄本を死亡から出生まで遡って集めます。抜けがないように注意してください。意外に思うかもしれませんが、お父さんが亡くなった後に異母兄弟がいることが初めて判明することなども実際にあります。相続人が漏れている場合には有効な遺産分割はできません。不動産の相続登記もできないし、正確な相続税額の計算もできないことになります。被相続人の住民票の除票も不動産の相続登記のために必要です。相続人全員の戸籍謄本、戸籍の附票、住民票、印鑑証明書（遺産分割協議書を作成する場合に必要）も必要です。相続人の確認ができたら、次に財産・債務を確認します。被相続人が亡くなった後では、どんな財産・債務が有ったかを把握することが困難な場合もありますが、被相続人の預金通帳から保険料や貸金庫の賃料の支払、借入金の返済、年金や配当金の収受等といったお金の動きを通して財産・債務が把握できる場合もありますし、固定資産税の納税通知書からは土地・家屋の所在や地番を把握できます。確定申告書の記載項目から事業用資産や借入金・敷金等を把握できる場合もあります。

収集資料一覧

資　料	請求先
遺言書	自宅、公証役場
被相続人の戸籍謄本（死亡から出生まで）、住民票の除票	市区町村役場
相続人の戸籍謄本、戸籍の附票、住民票	市区町村役場
相続人の印鑑証明書（遺産分割協議書を作成する場合）	市区町村役場
所得税・消費税の確定申告書・準確定申告書	自宅
過去の相続税申告書	自宅
固定資産税の納税通知書又は名寄帳	自宅又は市区町村役場
土地・建物の登記簿謄本、公図、測量図、住宅地図	自宅又は法務局
倍率表、路線価図	税務署、国税庁ホームページ
土地・建物の賃貸借契約書	自宅、不動産業者等
株券・公社債・投資信託等の残高証明書	証券会社等
自宅保管の株券・公社債・出資証券等及び配当金支払通知	自宅
同族会社（非上場）の株式・出資を所有している場合 過去3年分の法人税・地方税の申告書・決算書・科目明細書 法人が所有する資産について、固定資産税の納税通知書等の被相続人が所有する資産と同様の書類	同族会社（非上場）
預貯金の残高証明書（定期預金・定額貯金等は、相続開始日現在の解約利率による経過利息を記載したもの）、預金通帳、預金証書	銀行・信用金庫等、自宅
ゴルフクラブ、レジャークラブの会員権の証書	自宅、発行会社
書画、骨董、貴金属等の明細書	自宅、貸金庫
未収金の明細、貸付金の明細	自宅、契約書
死亡保険金、入院給付金の支給通知書	自宅
生命保険の保険証券	自宅
満期返戻金のある損害保険の保険証券	自宅
生命保険契約や建物更生共済契約の解約返戻金証明書	保険会社、農協
自動車の車検証、プレジャーボートの登録証	自宅
電話加入権の電話番号	自宅
死亡退職金・弔慰金の通知書	自宅
借入金の残高証明書	銀行、信用金庫等
敷金、保証金、預り金の明細書	自宅、契約書
相続発生後に支払った医療費の領収書	自宅
その他の未払金	自宅
葬儀費用の領収書（お布施、戒名料を含む）	自宅

※個々のケースごとに上記以外の書類が必要となることがあります。

ワンポイント
2
資料収集

相続税を計算するためには、すべての財産を原則として財産評価基本通達に従って相続税評価額で評価して集計する必要があります。土地のように収集した資料からストレートに評価額が算出されない財産もあれば、預貯金などのように比較的容易に評価額が把握できる反面、相続財産の範囲の確定が困難な財産もあります。また、債務の評価額は原則として債務の額面金額ですので通常は評価作業は発生しません。入手した資料からどのように情報を読み取るのかを簡単に説明します。

土地を評価するには、固定資産税の納付書の課税明細書や名寄帳をまず取得します。これから土地の所在や地番を確認し、登記事項証明書・公図・測量図等を取得します。同時に住宅地図等で所在地を確認して対応する倍率表もしくは路線価図も取得します。賃貸に供している場合には賃貸借契約書により権利関係の確認及び敷金・保証金等の債務の確認を行います。資料が揃ったら、実際に現地に行って対象不動産及び接道の状況を確認します。また、建築制限等を市役所等で確認します。ここまでの資料収集及び確認が終わった段階で、財産評価基本通達に従って評価額を計算します。収集した資料と現況が異なる場合には現況により評価することになります。

預貯金・有価証券については、相続発生日現在の残高証明書を取得します。計上漏れを防止するため取引のあるすべての金融機関の残高証明書を取得します。残高証明書には経過利息や端株等が記載されていない場合が多いため別途金融機関に問い合せる等の確認が必要になります。また、端株は配当金の支払通知書から確認することもできます。

相続税の計算で一番のポイントは、実質的に被相続人が資金を提供している被相続人の親族名義になっている預貯金・有価証券です。過去に贈与税の

資料から何を読み取る（1）

土地・建物

固定資産税の納付書
又は名寄帳
→
固定資産税評価額
未納税金の把握

↓

不動産を網羅的に把握し
下記資料を取得する

書類	確認事項
登記事項証明書	地番・地積・所有者・持分・地上権等
公図・測量図	所在・地形・地積等
住宅地図・都市計画図	所在・建築制限等
倍率表、路線価図	評価倍率・路線価・地区区分・借地権割合等
賃貸借契約書	賃貸の権利関係・敷金等の債務
現地調査	不動産の現況・接道状況等

預貯金・有価証券

書類	確認事項
被相続人名義の預貯金及び有価証券の残高証明書	相続開始日現在の預貯金及び有価証券の残高
被相続人の預貯金の通帳	相続開始前後の入出金より未収入金・未払金の有無、保険料の支払から加入保険の有無、配当金の受け取りから株式の有無、貸金庫の有無、その他の財産・債務の有無
	被相続人から相続人への資金移動の有無、相続開始直前の引き出しによる手許現金の有無 ← 税務調査で最も問題となるポイント
被相続人の親族の預貯金及び有価証券の残高証明・通帳	名義預金の有無（名義が親族でも、実質的に被相続人の預貯金と認められるものは相続財産に含まれる） ← 税務調査で最も問題となるポイント
配当金の支払通知書	端株の有無

申告をしていない場合には、税務上は相続財産として取扱われますので慎重な対応が必要です。

ワンポイント 3

資料収集

被相続人が所得税の確定申告をしていた場合には、過去の確定申告書からさまざまな情報を入手することができます。まず、収入の内訳から収入を生じる資産の有無が判明します。配当所得であれば株式を所有していることが判明します。不動産所得であれば不動産及びその賃貸関係や敷金・保証金等の債務の有無が把握できます。給与所得がある場合には、相続開始時点での未収給与がないか、死亡退職金がないかを確認する必要があります。雑所得で年金の収入がある場合には定期金に関する権利の有無を確認する必要があります。生命保険料控除や損害保険料控除等の所得控除からも死亡保険金や生命保険契約に関する権利等の資産の有無を把握できる場合もあります。減価償却費の計算明細からは事業用資産の種類、取得時期・取得価額等を確認できます。さらに、貸借対照表や財産債務明細書を確定申告書に添付している場合には、直接的に財産及び債務を把握できる場合があります。

また、重要なポイントとしては、過去に土地・建物等を売却して譲渡所得の申告をしている場合です。その譲渡所得の申告が５年前や10年前に行われたものだとしても、その後その譲渡代金がどのように使われたか、又は、どんな形で残っているのかは必ず確認すべき項目です。

同様に過去の相続税の申告書も重要な資料となります。被相続人の相続財産と被相続人が前回の相続で相続した財産とを比較してみる必要があります。たとえば被相続人が５年前の相続で土地・建物を相続しているのに、現在の相続財産の中にその土地・建物がなかった場合には、その土地・建物、もしくは、その売却代金の計上が漏れている可能性があります。預貯金や有価証券の金額が大幅に増減している場合にもその理由を検討する必要があります。また、過去の相続税の申告書は相次相続控除の資料としても使用します。

資料から何を読み取る（2）

所得税の確定申告書

所得税の確定申告書 →

収入の内訳	不動産所得	不動産、賃貸関係、敷金等の債務
	配当所得	株式
	給与所得	未収給与、死亡退職金
	雑所得	定期金に関する権利
	譲渡所得	売却代金
所得控除	死亡保険金、生命保険契約に関する権利等	
減価償却費の計算明細	事業用資産の取得時期・取得価額等	
貸借対照表財産債務明細書	財産及び債務（確定申告書の貸借対照表や財産債務明細書には、通常すべての財産及び債務が計上されていないので、参考程度に確認する）	
納付税額還付税額	未納税金として債務控除の対象、又は、未収税金として相続財産に計上する	

※上記により相続財産・債務の存在の可能性が把握できる場合には、より詳細な資料を取得します。

相続税の申告書

過去の相続税の申告書 →

過去の相続財産と現在の相続財産とを比較検討し、財産の計上漏れを防止する
相次相続控除の資料になる

ワンポイント
4

遺産分割

遺言書がある場合を除き、相続人全員で遺産分割協議を行います。通常は、すべての財産・債務を把握し、それに相続税評価額を付した一覧表を作成します。相続税は財産の分割方法により納税額が変動するしくみになっていますので、いくつかの分割案を作成し分割案毎に相続税の納税額を試算しながら話し合いを進めます。相続人間で円満に遺産分割協議が調うことが第一ですが、取得財産の種類や金額と相続税の負担とのバランスを考慮した遺産分割が望まれます。

相続税の視点から遺産分割に注意しなければならないポイントはいくつかありますが、その1つは分割のしかたによって同じ財産でも相続税評価額が大きく異なることがあることです。たとえば宅地の評価額は著しく不合理な分割である場合を除き、原則として遺産分割後の画地を評価単位として評価します。つまり、同じ土地でも相続人の1人が単独もしくは複数の相続人が共有で相続した場合と、複数の相続人が分割して相続した場合では相続税評価額が異なる場合があります。右図の場合では大きく相続税評価額が変動しています。ここで著しく不合理な分割とは分割後の土地が①無道路地又は帯状地となる場合、②その地域の宅地の標準的な宅地の面積と比較して著しく狭あいな宅地になる場合、③現在や将来において土地の有効利用が図れないと認められる場合などが該当します。

また、同族会社（非上場）の株式についても株式を取得する者の取得後の持株割合によって評価方式が定められており、親族間で株式が分散している場合には分割のしかたにより、原則的評価方式か特例的評価方式かの評価方式が変わる場合があります。原則的評価方式と特例的評価方式では何十倍も評価額が異なるケースもありますので特に注意が必要です。

土地の評価は遺産分割しだい

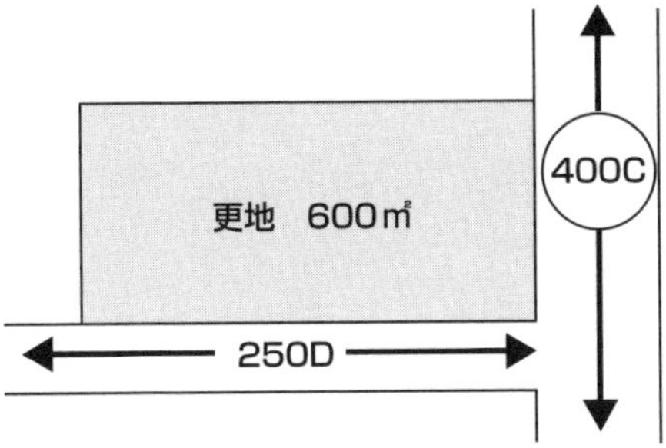

上記のような土地を相続人の１人が単独で相続した場合又は複数の相続人が共有で相続した場合の評価額（奥行価格補正等を省略）

（400千円+250千円×0.08）×600㎡=**252,000千円**

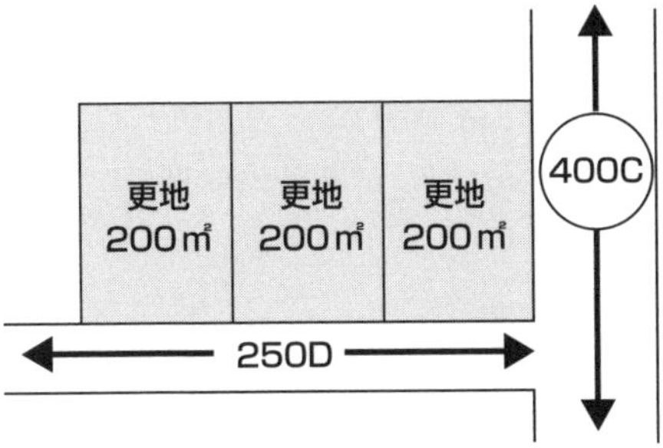

上記のような土地を相続人の３人が分割して相続した場合の評価額（奥行価格補正等を省略）

250千円×200㎡+250千円×200㎡+（400千円+250千円×0.08）×200㎡=**184,000千円**

分割のしかたによっては評価額が大きく異なる場合もあります。

執筆者紹介

手塚　隆（てずか　たかし）税理士・社会保険労務士

中央大学理工学部卒業後、横川・ヒューレット・パッカード㈱、勝島敏明税理士事務所（現、税理士法人トーマツ）等を経て平成14年タクトコンサルティング入社。平成11年税理士登録。

飯田　美緒（いいだ　みお）税理士

成城大学経済学部卒業後、一般企業に就職。その後、都内会計事務所勤務を経て平成25年タクトコンサルティング入社。平成17年税理士試験合格、平成18年税理士登録。

川瀬　朋基（かわせ　ともき）税理士

名古屋市立大学経済学研究科博士前期課程修了後、KPMG税理士法人入社。令和元年税理士試験合格、令和2年タクトコンサルティング入社、同年税理士登録

工藤　晴子（くどう　はるこ）税理士

立教大学文学部英文科卒業後、一般企業に就職。その後、都内税理士法人勤務を経て平成28年タクトコンサルティング入社。平成24年税理士試験合格、平成28年税理士登録。

山崎　信義（やまざき　のぶよし）税理士・社会保険労務士

同志社大学経済学部卒業後、㈱大和銀行（現、㈱りそな銀行）入行。平成13年タクトコンサルティング入社。平成5年税理士試験合格、平成15年税理士登録。

【著者紹介】
税理士法人タクトコンサルティング
税理士・公認会計士の専門家集団として、グループ会社の株式会社タクトコンサルティングと連携して、相続対策と相続税申告、事業承継対策、資本政策、組織再編成、M&A、不動産活用、社団・財団、医療法人等の特殊業務に係る現状分析、問題点抽出、解決手段の立案・実行という一貫したサービスを提供する資産税専門のコンサルティングファーム。
その特性を生かし、全国の会計事務所と提携し、当該会計事務所の顧問先に対する資産税サービスを提供している。

図解 相続税・贈与税のしくみ　第3版
知らないと損する98のポイント

2023年11月7日発行

著　者——税理士法人タクトコンサルティング
発行者——田北浩章
発行所——東洋経済新報社
〒103-8345　東京都中央区日本橋本石町 1-2-1
電話＝東洋経済コールセンター　03(6386)1040
https://toyokeizai.net/

装　丁…………山田英春
印　刷…………港北メディアサービス
製　本…………積信堂
Printed in Japan　　ISBN 978-4-492-96227-5